AF627123

Auf die Süße Tour

Wir danken allen, die mit viel Einsatz und Engagement zur Entstehung dieses Buches beigetragen haben:

Hartmut Kiesewetter, Kathrin Kiesewetter, Caroline Kiesewetter, Ralf Stech, Frauke und Friedel Köster, Jürgen Dau, Marlies Golly, Clare Döhring-Schogs, Henry Döhring, Mandy Hille, Manuela Lossner, Katrin Bollweg, Kerstin Siemers, Lina Wildenhain, Jana Mau, Gunnar Nissen, Cornelia Parzentny, Casimira Sonntag, Christl Klausenitzer, Karin und Pia Herbst, Karin und Ernst A. Humfeld, Trautchen Lau, Hans-Detlef Danger, Elisabeth und Gustav Becker, Maren Becker, Karin Lehmann, Ludwig Lohmann, Christa und Heiko Rathke, Astrid Becker, Wiebke Petersen, Petra und Olaf Lucht, Jannes, Pitt und Pauline, Ilse und Otto Carstens, Yvonne Rohwedder, Birte und Reiner Biss, Maike Babbe, Fides Breuer, Himbeerhof Jürgens in Vollerwiek, der uns die wundervollen Himbeeren für die Cover-Torte gepflückt hat. Marleen Schendel, Martina Schendel, Thomas Schendel, Ingrid Howald, Susanne Stammer, Susanne Jurga, Christine Hoffmann, Guda Preuschoff, Vinko Papak, Olaf Eggert, Ruth Mikou.

BOYENS
BUCHVERLAG

ISBN 978-3-8042-1392-0

2. Auflage 2015
© 2014 by Boyens Buchverlag GmbH & Co. KG, Heide
Alle Rechte vorbehalten
Autorin: Marion Kiesewetter
Redaktion: Marion Kiesewetter
Fotos: Ursula Sonnenberg, Hans Dieter Kellner
Cover-Torte: Kathrin Kiesewetter
Promotion: Hartmut Kiesewetter
Herstellung: Boyens Buchverlag
Gestaltung und Layout: Dörte Kromrei
Druck: BELTZ Bad Langensalza GmbH, Bad Langensalza
Printed in Germany

Marion Kiesewetter

Auf die Süße Tour

Spitzenrezepte
aus norddeutschen Cafés

Fotos von Ursula Sonnenberg
und Hans Dieter Kellner

BOYENS

Lage der Cafés

Inhalt

Noch ist nichts passiert …

Liebe Leserinnen, liebe Leser,

mit großer Freude kann ich Ihnen nun schon die sechste Folge meiner Café-Buchreihe vorlegen. Die Erfolgsserie geht also weiter, und ich möchte mich an dieser Stelle einmal herzlich für Ihre Treue bedanken. Ich habe in vielen Gesprächen und Mails erfahren können, dass es schon viele Sammler und Sammlerinnen gibt, die alle Folgen besitzen und mit großem Spaß die vorgeschlagenen Cafés besuchen und die Rezepte nachbacken. Meine beiden Spitzenfotografen Ursula Sonnenberg und Hans Dieter Kellner und ich werden versuchen, die Qualität der Bücher noch zu steigern. Die Anzahl der gemütlichen und schön gelegenen Cafés mit leckeren Backrezepten ist bei weitem noch nicht ausgeschöpft und jährlich kommen neue hinzu, die ich alle auf meiner Nord-Tour besuche und teste, bevor sie in eine neue Folge aufgenommen werden. Aber erst einmal wünsche ich Ihnen mit dieser Folge „Auf die süße Tour" viel Spaß.

Ihre
Marion Kiesewetter

Hof Café Groß Niendorf

HOF CAFÉ GROSS NIENDORF

Viele der Stammgäste des Hof Cafés in Groß Niendorf sind auf ihrer Fahrt von Hamburg an die Ostsee darauf aufmerksam geworden, denn auf der B432 von Norderstedt Richtung Bad Segeberg kommt man an Groß Niendorf vorbei. Dort liegt mitten im Ort, direkt an der Straße, der wunderschöne, gepflegte, alte Bauernhof, in dem Karin Humfeldt geboren wurde und aufwuchs. Nach der Schulzeit lernte Karin Einzelhandelskauffrau und schaute sich die Welt an. Nach sage und schreibe 38 Jahren zog sie mit ihrem Ehemann in diesen wunderschönen Hof mit seinem gemütlichen Bauerngarten zu der Familie ihres Bruders in das geräumige Haus.

„Zwei Ideale schwebten schon immer vor meinem inneren Auge: ein Café mit schönem Ambiente und selbst gebackenen Torten und Kuchen sowie eine Plattform für bildende Kunst. Hier kam uns entgegen, dass der berühmte Maler

Christian Rohlfs in Groß Niendorf geboren wurde. Er war ein enger Freund Emil Noldes und malte auch in etwa in diesem Stil schöne Bilder, hauptsächlich von Blumen und Menschen. Die Ausstellungen wechseln von Zeit zu Zeit, so dass es für unsere Gäste immer wieder etwas Neues zu entdecken gibt."

Als Karin mit ihrem Mann eingezogen war, gab es immer noch Platz und man ging gemeinsam

Der große gemütliche Bauerngarten ist eine Wohlfühloase.

Für Kaffeekränzchen, Familienfeiern und Ausstellungen bietet das Hof Café das passende Ambiente.

mit Bruder und Schwägerin daran, ein gemütliches Café für 40 Gäste einzurichten, wobei Wert gelegt wurde auf den original bäuerlichen Stil und das Instandsetzen der ererbten Möbel und dazu passender Gegenstände. Bei schönem Wetter kann man den Bauerngarten genießen. Ein Meer von Blumen vervollkommnet die Idylle. Das kulinarische Angebot beinhaltet bis zu 50 Torten, angeführt von der „Miss Ozean", einer Baiser-Torte, die niemals fehlen darf. Alle Torten und Kuchen sind natürlich selbst gebacken. „Im Frühling und Sommer verarbeiten wir viel Obst und reichlich Beeren aus unserem eigenen Garten, Rhabarber darf dabei nie fehlen. Im Winter sind die Torten etwas schwerer, mit Marzipan, Schokolade und Nüssen. Wir richten auch Gesellschaften aus wie Geburtstage, Kaffeekränzchen, Konfirmationen und Jubiläen. Bei diesen ‚Großereignissen' stehen mir meine Schwägerin Trautchen mit Hans-Detlef und mein Mann unermüdlich zur Seite, sonst wäre es gar nicht zu schaffen.

Wir versuchen unseren Gästen möglichst jeden Wunsch zu erfüllen und servieren nach Absprache auch Deftigeres wie Schinken- und Käsebrot u.a.m. Bei uns kann man Frühstück ab vier Personen bestellen, Uhrzeit ist egal – man will sich ja erholen. Unsere Gäste sind bunt gemischt: aus Radlern und Wanderern, also Ausflüglern aus nah und fern, wovon viele schon Stammgäste geworden sind." Viele Ostseeausflügler machen auch hier Zwischenstopp, genießen auf dem Hinweg ein ausgedehntes Frühstück und auf dem Rückweg Torte, Gebäck und Kaffee und lassen sich von Karin und Trautchen auf deren freundliche Art verwöhnen.

Erdbeer-Tortentraum

Erdbeer-Tortentraum

BISKUIT:

4 Eigelb
125 g Zucker
4 Eiweiß
1 Prise Salz
75 g Mehl
50 g Speisestärke
¼ TL Backpulver

Eigelb mit Zucker solange schlagen, bis die Ei-Zuckermasse hellgelb und cremig ist. Eiweiß mit etwas Salz aufschlagen, bis eine feste Konsistenz erreicht ist. Ei-Zuckermasse und Eischnee vermengen. Mehl, Stärke und Backpulver vermischen, darübersieben und unterheben. Teig in eine mit Backpapier ausgelegte 28-cm-Springform füllen und bei 160 °C ca. 30 Minuten backen. Anschließend auskühlen lassen. Danach den Biskuitboden auf eine Tortenplatte setzen, einmal waagerecht durchschneiden und mit einem Tortenring umlegen.

FÜLLUNG:

700 g Erdbeeren
6 Blatt Gelatine
500 ml Milch
1 Pck. Vanille-Puddingpulver
3 Pck. Vanillezucker
500 ml Schlagsahne, geschlagen
200 ml Schlagsahne, geschlagen
Erdbeeren zum Verzieren

Erdbeeren waschen, putzen und klein schneiden. Gelatine in kaltem Wasser einweichen.
Aus Milch, Puddingpulver und Vanillezucker einen Pudding kochen. Ausgedrückte Gelatine einrühren, bis sie sich aufgelöst hat. Danach abkühlen lassen. 500 ml geschlagene Sahne mit der Vanillecreme vermengen. Erdbeeren unterheben. Erdbeercreme auf dem unteren Boden verstreichen und den oberen Boden als Deckel darauf legen. Mit 200 ml Schlagsahne und Erdbeeren verzieren.

Herrentorte mit Rumsahne

Schoko-Biskuit:

4 Eier
200 g Zucker
150 g Kartoffelmehl
2 EL Weizenmehl
2 EL Kakaopulver
½ Pck. Backpulver

Eier und Zucker schaumig schlagen. Kartoffelmehl, Mehl, Kakao und Backpulver vermischen, darübersieben und unterheben. Teig in eine mit Backpapier ausgelegte 28-cm-Springform füllen und bei 170 °C Ober- und Unterhitze ca. 30 Minuten backen. Anschließend auskühlen lassen. Biskuitboden auf eine Tortenplatte setzen und zweimal waagerecht durchschneiden. Den unteren Boden mit einem Tortenring umlegen.

Füllung:

4 EL Kakaopulver
2 Pck. Sahnesteif
3 EL Zucker
800 ml Schlagsahne
5 EL Rum

1 Glas Preiselbeeren (450 g)
100 ml Schlagsahne

Kakao, Sahnesteif und Zucker vermischen. Sahne steif schlagen und mit der vorgenannten Mischung unter Hinzugabe des Rums verrühren.

Die Hälfte der Preiselbeeren und ⅓ der Schokosahne nacheinander auf den unteren Boden streichen. Mit dem zweiten Boden belegen. Restliche Preiselbeeren (bis auf 2 EL) und ⅓ der Schokosahne darauf verteilen und den dritten Boden als Deckel darauf legen. Ring entfernen und die Torte mit der restlichen Sahne einstreichen.
100 ml Schlagsahne steif schlagen, in einen Spritzbeutel füllen und die Torte damit verzieren. Mit Preiselbeeren oder Pralinen garnieren.

Raffinierte Himbeer-Schoko-Torte

Schokosahne:

200 g Zartbitter-Kuvertüre
400 ml Schlagsahne

Kuvertüre mit der Sahne aufkochen und anschließend 12 Stunden kühl stellen.

Biskuit:

3 Eier
3 EL Wasser
125 g Zucker
1 Pck. Vanillezucker
100 g Mehl
75 g Speisestärke
2 gestr. TL Backpulver

Eier, Wasser, Zucker und Vanillezucker schaumig schlagen. Mehl, Speisestärke und Backpulver vermischen, darübersieben und unterheben. Teig in eine mit Backpapier ausgelegte 28-cm-Springform füllen und bei 160 °C Umluft ca. 30 Minuten backen. Anschließend auskühlen lassen. Biskuitboden zweimal waagerecht durchschneiden. Unteren Boden auf eine Tortenplatte setzen und mit einem Tortenring umlegen.

Füllung:

500 ml Milch
1 Pck. Vanille-Puddingpulver
6 Blatt Gelatine
75 g Zucker
400 ml Schlagsahne
1 Pck. Sahnesteif
500 g TK-Himbeeren

1 Pck. Tortenguss, rot
roter Traubensaft
Schokospäne für die Garnitur

Aus Milch, Puddingpulver, Gelatine und Zucker einen Pudding kochen, danach unter Klarsichtfolie abkühlen lassen. Schlagsahne mit Sahnesteif steif schlagen und unter den Pudding heben.

Gekühlte Schokosahne auf Raumtemperatur erwärmen, auf dem Tortenboden verstreichen und die Puddingcreme darauf verteilen. Mit dem zweiten Boden ebenso verfahren. Den dritten Boden darauf setzen und mit Himbeeren bedecken. Tortenguss nach Packungsanweisung mit rotem Traubensaft zubereiten und über die Früchte träufeln. Nach Geschmack verzieren.

Essig-Torte

300 g Mehl
200 g Margarine
2 EL Essig

Alle Zutaten zu einem Teig formen und 1 Stunde in den Kühlschrank stellen.
Danach ausrollen, Springformboden auf den Teig setzen und zwei Kreise ausschneiden. Einen Boden in 8–12 Tortenstücke einteilen.
Böden in 28-cm-Springformen setzen und bei 175 °C Umluft abbacken, bis der Teig goldbraun ist. Danach abkühlen lassen. Boden auf eine Tortenplatte setzen.

FÜLLUNG:

400 ml Schlagsahne
1 EL Zucker
300 g Pflaumenmus, stückig
Puderzucker

Sahne und Zucker steif schlagen und die Hälfte auf den unteren Boden streichen. Pflaumenmus darauf verteilen und den Rest der Sahne darüber geben.
Die eingeteilten Tortenbodenstücke fächerförmig darauf legen und mit Puderzucker bestreuen.

TIPP:
Boden eignet sich auch als Diättorte.

Ozean-Torte

Rührteig:

4 Eigelb
125 g Butter
350 g Zucker
150 g Mehl
1 TL Backpulver
4 Eiweiß
100 g gehobelte Mandeln

Aus Eigelb, Butter, 150 g Zucker, Mehl und Backpulver einen Rührteig erstellen. Teig auf zwei gefettete 28-cm-Springformen verstreichen.
Eiweiß mit 200 g Zucker sehr steif schlagen, auf dem verstrichenen Teig verteilen und mit je 50 g Mandelblättchen bestreuen. Bei 160 °C Ober- und Unterhitze ca. 35 Minuten backen.

Füllung:

250 ml Wasser
100 g Zucker
100 ml Zitronensaft
1 Pck. Vanille-Puddingpulver
400 ml Schlagsahne, geschlagen

Wasser, Zucker und Zitronensaft aufkochen und mit dem Puddingpulver binden. Abkühlen lassen. Danach mit der Schlagsahne verrühren.

Einen Boden auf eine Tortenplatte setzen, Füllung darauf verstreichen und mit dem zweiten Boden belegen.

Stachelbeer-Krokant-Torte

Biskuit:

4 Eigelb
200 g Zucker
4 Eiweiß
1 Prise Salz
80 g Mehl
3 EL Speisestärke
1 gestr. TL Backpulver

Eigelb mit Zucker solange schlagen bis die Ei-Zuckermasse hellgelb und cremig ist. Eiweiß mit etwas Salz aufschlagen bis eine feste Konsistenz erreicht ist. Ei-Zuckermasse und Eischnee vermengen. Mehl, Stärke und Backpulver vermischen, darübersieben und unterheben. Teig in eine 28-cm-Springform füllen und bei 160 °C ca. 30 Minuten backen. Anschließend auskühlen lassen. Danach auf eine Tortenplatte setzen. Den Biskuitboden mit einem Messer 2 cm vom Rand markieren und den Boden mit einem Löffel aushöhlen.

Obstfüllung:

1 Glas Stachelbeeren (360 g Abtropfgewicht)
3 EL Speisestärke

600 ml Schlagsahne, geschlagen

Stachelbeeren in einem Sieb abtropfen lassen, Saft auffangen. 250 ml Stachelbeersaft aufkochen und mit Stärke binden. Danach die Stachelbeeren hinzugeben und abkühlen lassen.

Krokant-Streusel:

Biskuitbrösel
150 g Zucker
100 g geh. Mandeln
100 g Butter

Biskuitteig fein zerbröseln. Zucker karamellisieren, Mandeln und Butter hinzugeben. Zum Schluss die Biskuitbrösel unterrühren.

Das Beerenkompott in den ausgehöhlten Tortenboden füllen und mit einer dicken Schicht Sahne bestreichen. Den Krokant grob zerbröseln und darüber streuen.

Beldorfer Mühle

Auf der Terrasse fühlt man sich wie zu Hause.

Manches Interessante gibt es über Beldorf und sein Café Beldorfer Mühle zu berichten. Der Ort, der vor 1500 Jahren zum ersten Mal nachweislich erwähnt wird, liegt einen Kilometer vom Nord-Ostsee-Kanal entfernt, nahe der Grünentaler Hochbrücke, zwischen Albersdorf und Hanerau-Hademarschen. Zur Autobahn A23 Hamburg–Heide ist es nicht weit, und die Nordbahn Heide–Neumünster hält direkt in Beldorf. Wie der Name Beldorfer Mühle schon sagt, ist das Café in der historischen Mühle entstanden. Ursprünglich eine sehr schöne Holländerwindmühle, wurde sie später mit einem Motor betrieben, danach abgebaut und ihre Teile auf andere Gebäude der Gegend verteilt.

Als Birte Biss, gelernte Bauzeichnerin, in die Familie einheiratete, die seit vier Generationen die Mühle betrieb, hatte sie sich erst einmal um Familie und Kinder (1 Tochter, 2 Söhne) zu kümmern, aber später entstand der Traum, aus dem original erhaltenen Wirtschaftsgebäude, in dem noch bis 1970 Korn gemahlen wurde, ein gemütliches Café und ein geschmackvolles Kultur-Bistro zu eröffnen, in dem die Räumlichkeiten möglichst erhalten und so gestaltet wurden, dass der Ursprung erkennbar ist. 2005 wurde Birtes Traum wahr, und bald schon war bei Ausflüglern von nah und fern die Beldorfer Mühle ein fester Begriff und ein beliebtes Ausflugsziel, wo man das geschmackvolle Ambiente des Cafés, die ausgestellte Kunst und im Obergeschoss eine historische Getreidereinigungsmaschine von 1927 aus der alten Mühle erleben kann. An Wochenenden und Feiertagen (außer Januar und Februar) verwöhnt hier Birte Biss ihre bis zu 100 Gäste mit Torten und Kuchen. Bei schönem

Wetter kommen in dem wunderschönen windgeschützten Garten mit angrenzendem Spielplatz noch 40 Außenplätze hinzu.
Highlight im Angebot ist ihr „Beldorfer Mühlenrad“, ein mit Sahne gefüllter Brandteig mit warmer Fruchtsoße. Weiterhin darf ihre Baiser-Torte mit Früchten niemals fehlen. Aber Birte hält auch ständig nach neuen Rezepten Ausschau, denn dass die Gäste begeistert sind, ist ihr das Wichtigste. Nach Absprache richtet sie auch Familien- und Betriebsfeste aller Art aus, und bei kleineren Gesellschaften kann man den Raum auch teilen, so dass die Feiernden und die Cafégäste separat sein können.

Bei schönem Wetter kann man im urigen, windgeschützten Garten, mit angrenzendem Spielplatz, Kaffee und Kuchen genießen.

Der Garten eignet sich auch wunderbar für Familienfeiern.

Aber auch eine kleine Tageskarte bietet allerlei Köstlichkeiten an wie Delikatessen aus der Gegend, Schinken- und Käsebrot oder spanische Tapas. Ab 15 Personen kann man hier auch ein delikates Frühstück genießen. Nicht zu vergessen die ständig wechselnden Ausstellungen von Malern sowie Lesungen, Weihnachts- und Ostermarkt.
Sozusagen im Kreise der Familie Biss mit Vater Reiner, Mutter Birte und dem fleißig helfenden Sohn Jan-Hendrik fühlt man sich in der Beldorfer Mühle so richtig wohl. Hier packt jeder mit an, um es den Gästen so richtig gemütlich zu machen.

Schwarzbrot-Torte

Schwarzbrot-Torte

Teig:
9 Eier, getrennt
150 g Zucker
100 g geriebene Mandeln
100 g geriebenes Schwarzbrot

Eigelb und Zucker schaumig schlagen, Eiweiß zu Eischnee schlagen. Mandeln, Schwarzbrot und den steif geschlagenen Eischnee unter die Eimasse heben. Teig in eine mit Backpapier ausgelegte 26-cm-Springform füllen und im vorgeheizten Backofen bei 180 °C ca. 20–30 Minuten backen. Auskühlen lassen, auf eine Tortenplatte setzen und zweimal waagerecht durchschneiden. Den unteren Boden mit einem Tortenring umlegen.

Füllung:
500 ml Schlagsahne, geschlagen
1 Glas Preiselbeeren (450 g)

Karamellisierte Nüsse und Preiselbeertupfen für die Garnitur

Preiselbeeren auf dem unteren Boden verstreichen. Den zweiten Boden auflegen und die Hälfte der Sahne darauf verstreichen. Den dritten Boden auflegen, mit der restlichen Sahne bestreichen und mit den karamellisierten Nüssen und Preiselbeertupfen garnieren.

Rhabarbersekt

1 Glas

4 cl Rhabarbersaft
trockener Sekt
1 Spritzer Grenadinesirup (Granatapfel)

Rhabarbersaft in ein Sektglas geben, mit Sekt auffüllen. Nach Geschmack einen Spritzer Grenadinesirup dazugeben.
Für die Dekoration kann man den Glasrand vor dem Einfüllen zuerst in Grenadinesirup, dann in Zucker tauchen.

Apfel-Aprikosen-Joghurt-Torte

RÜHRTEIG:

100 g Margarine oder Butter
100 g Zucker
1 Pck. Vanillezucker
2 Eier
100 g Mehl
1 TL Backpulver

Zutaten miteinander verrühren. Teig in eine mit Backpapier ausgelegte 26-cm-Springform füllen und bei 180 °C ca. 20 Minuten backen. Anschließend auskühlen lassen. Danach den Boden auf eine Tortenplatte setzen und mit einem Tortenring umlegen.

BELAG:

800 g Äpfel
½ Tüte getrocknete Aprikosen
250 ml Apfelsaft
1 Pck. Vanille-Puddingpulver

Äpfel schälen und entkernen. Äpfel und Aprikosen in Stücke schneiden. Obstsorten mit dem Apfelsaft aufkochen und mit Puddingpulver abbinden.

FÜLLUNG:

400 g Joghurt, griechische Art
100 g Zucker
1 TL Vanillezucker
Saft von einer Zitrone
6 Blatt Gelatine, weiß
500 ml Schlagsahne, geschlagen.

Joghurt, Zucker, Vanillezucker und Zitronensaft miteinander verrühren. Gelatine nach Packungsanweisung auflösen und in die Joghurtmasse geben. Sahne unter die leicht angezogene Creme heben.

Die abgekühlte Apfel-Aprikosenmasse auf den Tortenboden geben. Anschließend die Joghurtmasse auf dem Obst verteilen. Torte im Kühlschrank fest werden lassen.

DEKORATION:

½ Tüte Walnüsse
3 EL Zucker
geschlagene Sahne
für die Verzierung

Zucker in einer Pfanne karamellisieren lassen. Walnüsse hinzufügen, aus der Pfanne nehmen und auf einem Stück Backpapier abkühlen lassen. Danach in grobe Stücke zerkleinern.
Torte nach Geschmack mit Sahnetupfen, Apfelscheiben und Walnussstücken verzieren.

Schneller Butterkuchen vom Blech

TEIG:

4 Eier
2 Becher saure Sahne (à 200 g)
300 g Zucker
600 g Mehl
2 Pck. Backpulver

Alle Zutaten, bis auf das Backpulver, zu einem cremigen Teig verrühren. Das Backpulver zum Schluss unterheben. Den Teig auf ein mit Backpapier ausgelegtes Blech geben und im vorgeheizten Backofen bei 180 °C 20 Minuten backen.

BELAG:

200 g Butter
150 g Zucker
2 Tüten gehobelte Mandeln

Butter schmelzen, Zucker und Mandeln dazu geben, goldgelb anrösten und auf dem noch warmen Kuchen verteilen.

Orangen-Creme-Torte

RÜHRTEIG:

100 g Margarine oder Butter
100 g Zucker
1 Pck. Vanillezucker
2 Eier
100 g Mehl
1 TL Backpulver

Zutaten miteinander verrühren. Teig in eine mit Backpapier ausgelegte 26-cm-Springform füllen und bei 180 °C ca. 20 Minuten backen. Anschließend auskühlen lassen. Danach den Boden auf eine Tortenplatte setzen und mit einem Tortenring umlegen.

BELAG:

1 Dose Mandarinen (170 g Abtropfgewicht)
500 g Sahnequark
100 g Zucker
Saft einer Zitrone
200 ml Orangensaft
2 EL Orangenlikör (Grand Marnier)
12 Blatt Gelatine, weiß
500 ml Schlagsahne, geschlagen.

Mandarinen abtropfen lassen. Quark mit Zucker, Zitronen-, Orangensaft und Orangenlikör verrühren. Gelatine einweichen, ausdrücken, auflösen und unter die Quarkmasse rühren. Wenn die Quarkmasse leicht angezogen ist, die Sahne unterheben. Boden mit Mandarinen belegen, Quarkmasse auf die Mandarinen streichen und bei Bedarf mit Orangenguss überziehen. Die Torte 6 Stunden kühl stellen.

GUSS:

250 ml Orangensaft
1 EL Orangenlikör
1 Pck Tortenguss, weiß

Orangensaft und -likör mit dem Tortenguss andicken und auf der Quarkmasse verstreichen.

Mit Sahnetupfen, Orangen- und Schokoraspel und Kumquatsscheiben verzieren.

Beldorfer Mühlenrad

Brandteig:

250 ml Wasser
65 g Butter
1 Pck. Vanillezucker
1 Prise Salz
150 g Mehl
4–5 Eier
1 gestr. TL Backpulver

Wasser, Butter, Vanillezucker und Salz zum Kochen bringen. Den Topf vom Herd nehmen, das Mehl auf einmal hineinschütten und mit den anderen Zutaten vermengen. Topf erneut auf die ausgestellte Herdplatte stellen und den Teig so lange rühren, bis er sich vom Topfboden löst und sich zu einem Klumpen zusammenballt. Den Topf von der Herdplatte nehmen und den Teig etwas abkühlen lassen. Die Eier nach und nach unterheben. Zum Schluss das Backpulver einrühren. Den Teig in einen Spritzbeutel mit großer Tülle füllen, ca. 13 cm große Ringe auf ein leicht gefettetes Backblech spritzen und bei 180–200 °C 20–25 Minuten (je nach Größe) backen. Danach noch 5 Minuten ruhen lassen. Da der Brandteig sehr empfindlich ist, sollte der Backofen während der Backzeit nicht geöffnet werden.
Das Gebäck aufschneiden und mit geschlagener Sahne füllen. Besonders köstlich schmeckt es, wenn man eine leicht angewärmte Fruchtsauce dazu reicht. Zum Beispiel Kirsch- oder Himbeersauce.

Kanal 33

Kanal 33

Etwas Besonderes in vielerlei Hinsicht ist das Café Kanal 33, denn es hat zusätzlich eine Pension und einen Biergarten, und der Gast wird von der sehr netten Familie Lucht herzlich empfangen und mit großer Hingabe bewirtet.

Aber von vorn: Das Café Kanal 33 erreicht man, wenn man auf der A23 an der Kanalbrücke des Nord-Ostsee-Kanals die Abfahrt Schafstedt wählt und dann dem Wegweiser Hohenhörn folgt. Hier konnte die Familie Lucht ein Haus direkt am Kanal erwerben und baute es zu einem Café mit Pension um. Man kann hier also nicht nur gemütlich Kaffee trinken, sondern auch Urlaub machen, denn die Gegend ist reizvoll und interessant. Hauptattraktion ist natürlich der Nord-Ostsee-Kanal, die meist befahrene künstliche Wasserstraße der Welt. Familie Luchts Gäste machen meistens nach einer ausgiebigen Wanderung oder Radtour am Kanal entlang eine genussvolle Kaffeepause und bestaunen die riesigen Pötte aus aller Welt, die die Abkürzung zwischen Nord- und Ostsee befahren, um den weiten Weg durch den Skagerrak abzukürzen. Ein Hauch von Fernweh wird also hier wach.

Petra Lucht erzählt: „Als wir dieses Haus kaufen konnten, war die ganze Familie sofort Feuer und Flamme, weil es so toll direkt am Kanal liegt, und wir wollten eine Attraktion daraus machen. Die ganze Familie und ein Tross von Halbstarken packte mit an, um erst einmal „Klar Schiff“ zu machen. Alles flog zum Fenster hinaus, Wände wurden eingerissen und alles zu einem geräumigen Café eingerichtet. Wir konnten Dalben, in Hamburg auch Duckdalben genannt, das sind Gruppen von telegrafenmastenartigen Hölzern, sie dienen zum Anlegen und Vertäuen von Schiffen, erwerben und diese Dalben prä-

Hier kann man „Schiffe gucken“. Direkt am Nord-Ostsee-Kanal, am Fähranleger Hohenhörn, liegt das Café Kanal 33. Von der Terrasse aus hat man freie Sicht auf die Container-Schiffe und Luxusliner.

Die Inneneinrichtung des Cafés Kanal 33 hat eine ganz besondere Note. Dalben aus dem Nord-Ostsee-Kanal wurden zu Tischen, Spiegelrahmen und Regalen verarbeitet und die große Fensterfront zum Kanal bringt einen beim Beobachten der Schiffe zum Träumen.

gen, zu allem möglichen verarbeitet, den Einrichtungsstil unseres Hauses. Das sieht sehr urig aus. Die Gäste kommen von nah und fern und können kostenlos mit der Fähre übersetzen. Kostenlos, weil der Nord-Ostsee-Kanal ja ein künstliches Gewässer ist. Da muss der Erbauer, der Staat, schon für weiteren Fluss des Verkehrs sorgen. Die Gäste können die gut ausgebauten Wege an beiden Ufern des Kanals für Ausflüge nutzen, dann bei uns genussvoll entspannen und sich an Torten und Kuchen laben. Frühstück gibt es täglich schon ab 9:00 Uhr. Es ist sehr reichhaltig. Sie können aber nicht nur zur Kaffeezeit unsere Gäste sein, sondern auch im Biergarten von der großen weiten Welt träumen."

Die Highlights in Familie Luchts Café sind neben den selbstgebackenen Kuchen die Stachelbeer-Marzipan-, die Apfel-Grieß- und die Maracuja-Torte. Alles erste Sahne! Eine kleine Karte bietet aber auch Käsebrote, Salate, Bratwürste und Baguettes an. Der Gaumen wird hier also ausgiebig gestreichelt, und für das allgemeine Wohlbefinden sorgen außerdem Petra Lucht und ihre nette Familie. Sehr zu empfehlen.

Der Nord-Ostsee-Kanal ist die meist befahrene künstliche Wasserstrasse der Welt. Er durchquert mit seinen knapp 100 Kilometern Schleswig-Holstein, von Brunsbüttel bis Kiel-Holtenau.

Dalben

Dalben

6 Stück

Biskuit:

5 Eier, getrennt
210 g Zucker
5 EL Wasser
120 g Mehl
120 g Speisestärke
4 TL Backpulver

Eiweiß, Zucker und Wasser steif schlagen. Eigelb nach und nach einrühren. Mehl, Stärke und Backpulver vermischen, darübersieben und vorsichtig unterheben. Teig in eine mit Backpapier ausgelegte 30-cm-Springform geben und im vorgeheizten Backofen bei 145 °C ca. 45 Minu-

ten backen. Anschließend auskühlen lassen. Boden einmal waagerecht durchschneiden.
Mit einem Dessertring (8 cm Durchmesser) aus den Böden pro Törtchen zwei kleine Böden ausstechen.

BUTTERCREME:

3 Eier
70 g Zucker
300 g weiche Butter
Mark 1 Vanilleschote

Eier und Zucker cremig schlagen. Butter und Vanillemark aufschlagen und unter die Ei-Zuckermischung heben.

4 cl Läuterzucker
4 cl Amaretto

150 g Pflaumenmus

Böden mit Läuterzucker und Amaretto tränken. Dessertring um den Biskuitboden legen, mit einer Schicht Buttercreme und Pflaumenmus bestreichen und den zweiten Boden auflegen.

MARZIPANKANTE:

400 g Rohmarzipan
etwas Kakao

1 Pck. Tortenguss, weiß
500 ml Schlagsahne, geschlagen
Früchte der Saison

Marzipan auf 2–3 mm ausrollen, 25 cm lang und 4 cm hoch. Der kleine Turm soll wie ein Holzbalken aussehen, dafür kleine Riefen in den Marzipanstreifen ritzen, ganz leicht mit Kakao bestäuben und um den Biskuitturm legen.
Mit etwas Sahne und Früchten belegen.
Tortenguss nach Packungsanweisung zubereiten und die Früchte damit bestreichen.

LÄUTERZUCKER

250 g Zucker
250 ml Wasser

Beide Zutaten aufkochen und ca. 3 Minuten köcheln lassen, bis sich der Zucker aufgelöst hat. Abgekühlt in Flaschen gefüllt hält er sich monatelang. Man kann damit wunderbar Kuchen, Torten, Obstsalate, Desserts und Cocktails süßen.

Stachelbeer-Marzipan-Torte

BISKUIT:

2 Eier
3 EL lauwarmes Wasser
75 g Zucker
100 g Mehl
3 gestr. TL Backpulver

Eier trennen. Eiweiß steif schlagen. Eigelb, Wasser und Zucker schaumig schlagen. Mehl und Backpulver vermischen, darübersieben und unterheben. Eischnee unterziehen. Teig in eine mit Backpapier ausgelegte 28-cm-Springform füllen und im vorgeheizten Backofen bei 200 °C Umluft ca. 15 Minuten backen. Anschließend gut auskühlen lassen. Boden auf eine Tortenplatte setzen und einmal waagerecht durchschneiden. Den unteren Boden mit einem Tortenring umlegen.

FÜLLUNG:

850 g frische oder 2 Gläser Stachelbeeren
(à 360 g Abtropfgewicht)
500 ml Wasser oder Beerensaft
75 g Zucker
120 g Vanille-Puddingpulver

600 ml Schlagsahne
3 Pck. Sahnesteif
2 Pck. Vanillezucker

Die frischen Stachelbeeren putzen und waschen. 12 Beeren zum Verzieren beiseite legen. Stachelbeeren, Wasser und Zucker aufkochen, ca. 10 Minuten köcheln lassen und mit Puddingpulver andicken. Erkalten lassen und auf dem unteren Biskuit verteilen.
Nimmt man Beeren aus dem Glas, abtropfen lassen, Saft auffangen, aufkochen und mit Puddingpulver andicken. Beeren dazugeben.
Sahne mit Sahnesteif und Vanillezucker steif schlagen.

BELAG/DEKO:

200 g Marzipan-Rohmasse
150 g Puderzucker
1 EL Rum
Borkenschokolade
Mandelblättchen

Tortenring entfernen und ¾ der Sahne auf die Stachelbeeren und an den Rand streichen. Mit dem zweiten Boden begen.
Marzipan grob reiben, mit Puderzucker und Rum geschmeidig kneten und zwischen zwei Lagen Klarsichtfolie zur runden Platte (ca. 35 cm) dünn ausrollen (ca. 2 mm). Marzipandecke über die Torte legen. Überstehendes Marzipan abschneiden. Schokolade zerbröckeln und die Torte damit garnieren. Mit Stachelbeeren, Mandelblättchen und restlicher Sahne verzieren.

Altländer Apfelkuchen

MÜRBETEIG:

350 g Mehl
150 g Zucker
Zitronenabrieb von 1 Zitrone/ unbehandelt
200 g kalte Butter
1 Ei

2 EL Paniermehl

Alle Zutaten zu einem Teig verkneten und eine Stunde kalt stellen. Eine 28-cm-Springform einfetten. 2/3 des Teiges auf einer bemehlten Arbeitsfläche rund ausrollen, die Form damit auslegen und mit einer Gabel mehrmals einstechen. Teig mit Paniermehl bestreuen.

FÜLLUNG:

1,5 kg säuerliche Äpfel
100 g Zucker
100 ml Apfelsaft
3–4 EL Zitronensaft
75 g Rosinen
½ TL Zimt
1 geh. TL Speisestärke
75 g gehackte Haselnüsse
50 g Puderzucker

Äpfel schälen, entkernen, klein schneiden und mit Zucker, Apfelsaft (bis auf 3 EL), 2 EL Zitronensaft, Rosinen und Zimt ca. 10 Minuten dünsten. Stärke mit 3 EL Apfelsaft verrühren. Kompott aufkochen, Stärke einrühren, nochmals kurz aufkochen und erkalten lassen.
Nüsse ohne Fett rösten und (bis auf 2 EL) unterheben. Kompott auf dem Teig verteilen und die Teigränder darüber schlagen. Restlichen Teig rund ausrollen und darauf legen. Am Rand gut andrücken und im vorgeheizten Backofen bei 200 °C Umluft ca. 50 Minuten backen. Puderzucker mit 2 EL Zitronensaft verrühren und auf den heißen Kuchen streichen. Mit Nüssen bestreuen und auskühlen lassen.

Tipp:

Torte einen Tag vorher zubereiten, damit sie durchziehen kann.

Die Biskuit-Zutaten reichen für zwei Böden. Den zweiten Boden kann man einfrieren oder gleich zwei Torten herstellen.

Maracuja-Torte

BISKUIT:

3 Eier
3 EL Wasser
100 g Zucker
60 g Mehl
40 g Speisestärke
½ Pck. Backpulver

Eier, Wasser und Zucker schaumig schlagen. Mehl, Stärke und Backpulver vermischen, darübersieben und unterheben. Teig in eine mit Backpapier ausgelegte 28-cm-Springform füllen und im vorgeheizten Backofen bei 150 °C ca. 40 Minuten backen. Anschließend gut auskühlen lassen. Boden auf eine Tortenplatte setzen, einmal waagerecht durchschneiden und den unteren Boden mit einem Tortenring umlegen.

FÜLLUNG:

1 Dose Pfirsiche (480 g Abtropfgewicht)
500 ml Maracujasaft
2 EL Zucker
120 g Vanille-Puddingpulver
400–600 ml Schlagsahne
250 ml Maracujasaft
1 Pck. Aranca Puddingpulver, Maracuja-Aprikose

Pfirsiche in Stücke schneiden, mit 500 ml Maracujasaft und Zucker aufkochen und mit dem Puddingpulver andicken. Anschließend auf dem Tortenboden verteilen. Sahne steif schlagen und auf die abgekühlte Maracujamasse geben. 250 ml Maracujasaft mit dem Aranca Puddingpulver verrühren und auf der Sahne verteilen.

Apfel-Grieß-Torte mit Zitronenglasur

TEIG:

4 Eier
2 EL lauwarmes Wasser
200 g Zucker
30 g Mehl
2 gestr. TL Backpulver
200 g Grieß

Eier trennen. Eigelb, Wasser und 100 g Zucker schaumig schlagen. Eiweiß steif schlagen, dabei 100 g Zucker einrieseln lassen und unter die Eigelbmasse ziehen. Mehl und Backpulver sieben, mit Grieß mischen und unterheben.
Teig in eine mit Backpapier ausgelegte 28-cm-Springform füllen und im nicht vorgeheizten Backofen bei 175 °C ca. 45 Minuten backen. Anschließend gut auskühlen lassen. Boden auf eine Tortenplatte setzen und einmal waagerecht durchschneiden. Den unteren Boden mit einem Tortenring umlegen.

FÜLLUNG:

4–6 Äpfel (Elstar)
6 EL Zitronensaft
2 Pck. Vanillezucker
1 EL Zucker
750 ml Schlagsahne
3 Pck. Sahnesteif
150 g Puderzucker

Äpfel waschen, schälen, entkernen und klein schneiden. In einem Topf sofort mit 4 EL Zitronensaft beträufeln. Mit Vanillezucker und 1 EL Zucker zugedeckt 3–4 Minuten dünsten. Danach auskühlen und abtropfen lassen.
Sahne portionsweise steif schlagen, Sahnefestiger einrieseln lassen.
Boden mit der Hälfte der Sahne bestreichen. Äpfel darauf geben und mit der restlichen Sahne bedecken. Den zweiten Boden darauf setzen. Puderzucker mit 1–2 EL Zitronensaft verrühren, die Torte damit überziehen und trocknen lassen. Ca. 8 Stunden kalt stellen. Nach Geschmack verzieren.

Dithmarscher Eierkaffee

FÜR 20 PERSONEN

10 l Wasser
500 g gemahlener Kaffee
3–4 Eier
1 TL Zucker
etwas Salz
250 ml kaltes Wasser

10 l Wasser zum Kochen bringen.
In der Zwischenzeit Kaffee, Eier, Zucker, Salz und Wasser zu einem Brei verrühren. Anschließend in das kochende Wasser geben, aufkochen lassen und 10 Minuten ziehen lassen. Nochmals kurz aufkochen, mit etwas kaltem Wasser abschrecken und sacken lassen. Die Flüssigkeit durch ein fest gewebtes Baumwolltuch filtern. Den fertigen Kaffee heiß halten.

Mit dieser Zubereitung können größere Mengen Kaffee über einen längeren Zeitraum heiß gehalten werden, ohne dass der Kaffee bitter wird. Die Bitterstoffe des Kaffees werden durch das Ei gebunden.

Törperhof-Café

So erfüllt sich das Sommerglück im Norden Itzehoes, im Traumgarten des Törperhof-Cafés: Elisabeth Beckers Kuchen und Torten genießen. Hier erlebt man ländliche Wohlfühlatmosphäre pur, im Bauerngarten des alten Törperhofs. Seit Übergabe des landwirtschaftlichen Betriebs an den Sohn Joachim gibt es dieses Traumcafé, entwickelt aus dem großen reetgedeckten Wirtschaftsgebäude und den involvierten beiden Wohnstuben, die zauberhaft zu einem Café ländlicher Eleganz gestaltet sind. Der Cafébetrieb findet aber im Sommer bei Sonnenschein hauptsächlich draußen im Bauerngarten statt, wo man die ländliche Atmosphäre mit ihren verschiedenen Düften genießt.

Elisabeth Becker wuchs auf dem elterlichen Hof in den Harburger Bergen auf, wo auch ihre Eltern auf deren Hof ein Bauerncafé betrieben. Elisabeth wurde Hauswirtschaftsmeisterin und ging später nach Westermühlen auf den Hof, den ihre Eltern in den 60er Jahren gekauft hatten.

„Meine Klassiker kommen bei den Gästen am besten an, aber ich probiere immer wieder Neu-

Das zauberhafte Stubencafé ist in ländlicher Eleganz gestaltet.

es aus und variiere dieses nach Herzenslust." Ihr Mann Gustav fügt begeistert hinzu: „Das Rezept der Johannisbeer-Torte ist der Renner." Elisabeth fällt ein: „Mein Mann Gustav ist eine besondere und spezielle Attraktion unseres Cafés. Mit seinen witzigen Sprüchen und seiner launigen Art ist er oft der Mittelpunkt der Gesellschaft. Jetzt nach seinem Wechsel in den Ruhestand hat er ja Zeit dafür."

„Die ganze Anlage ist eingebettet in die Region, die man Steinburger Geest nennt. Viele Radfahrer kommen hier vorbei, und für Wanderer ist es ein ideales Gelände. Gerne kehren sie bei uns ein, die Räumlichkeiten sind dafür auch einfach prädestiniert. Man ist in der absoluten Einsamkeit. Wir sind nicht abgeschieden von der Außenwelt, und trotzdem hat man das Gefühl, hier ist die Welt zu Ende. Das Café habe ich 2006 er-

Hier können Eltern mit Kindern richtig entspannen, denn es gibt viel Platz und vieles zu erleben.

öffnet. Ich backe auf jeden Fall alles selbst. Mein Highlight ist, wie in den meisten Cafés, die Stachelbeer-Baiser-Torte. Im Ganzen habe ich zwischen 40 und 50 Torten im Repertoire."

„35 Innenplätze hat das schnuckelige, kleine Stubencafé, aber für besondere Gesellschaften haben wir einen separaten Raum. In unserem großen Garten mit der überdachten Terrasse haben wir Platz für 50 Gäste. Zwischendurch gibt es im Laufe des Jahres künstlerische Höhepunkte wie zum Beispiel Theateraufführungen von einheimischen Gruppen und kleine musikalische Beiträge. Man kann bei uns auch Grillabende bestellen. Hinterher kann man im großen Garten Spiele spielen und richtig etwas losmachen. Ab Herbst richten wir auch Weihnachtsfeiern für bis zu zwanzig Personen aus. Also bei uns ist immer alles möglich."

Törperhof-Torte

Törperhof-Torte

Mürbeteig:

100 g Zucker
150 g Butter
1 Pck. Vanillezucker
1 Prise Salz
1 Ei
1 Msp. Backpulver
250 g Mehl

Alle Zutaten zu einem Teig verkneten und eine Stunde kühl stellen. Anschließend auf dem Boden einer 28-cm-Springform dünn ausrollen. Im vorgeheizten Backofen bei 180–200 °C ca. 15–20 Minuten backen. Danach auskühlen lassen.

Heller Biskuit:

4 Eier, getrennt
4 EL Wasser
150 g Zucker
1 Pck. Vanillezucker
80 g Mehl
80 g Speisestärke
1 gestr. TL Backpulver
1 Prise Salz

Eigelb, Wasser, Zucker und Vanillezucker mit dem Mixer auf höchster Stufe schaumig schlagen. Mehl, Stärke und Backpulver darübersieben und unterrühren. Eiweiß mit Salz steif schlagen und unter den Teig heben. Anschließend in eine mit Backpapier ausgelegte 28-cm-Springform füllen und im vorgeheizten Backofen bei 180 °C ca. 25 Minuten backen.

Dunkler Biskuit:

Siehe Zutaten heller Biskuit,
plus 2–3 EL Kakaopulver

Einen hellen Biskuitteig anrühren und den Kakao unter die Masse rühren. Wie den hellen Biskuit backen. Danach auskühlen lassen. Beide Böden jeweils einmal waagerecht durchschneiden.

Füllung:

4–5 EL Preiselbeeren
6 Blatt Gelatine
750 ml Schlagsahne
80 g Nuss-Nougatcreme
Puderzucker
3 EL Rum

Mürbeteigboden auf eine Tortenplatte setzen, mit Preiselbeeren bestreichen und mit dem ersten hellen Biskuitboden belegen. Gelatine einweichen, ausdrücken und auflösen. Sahne fast steif schlagen, mit der Gelatine stützen, dann vollkommen steif schlagen. Die Sahne anschließend dritteln. 250 ml Sahne mit der erwärmten Nougatmasse verrühren und auf den Boden streichen. Mit dem dunklen Boden belegen. 250 ml Sahne mit Puderzucker und Rum abschmecken, auf den dunklen Boden streichen und mit einem hellen Boden belegen. Weitere 250 ml Sahne mit Preiselbeeren verrühren, abschmecken, auf den hellen Boden geben und mit dem letzten dunklen Boden abdecken.
Aus der Tortenmitte einen Kegel herausschneiden. Dazu wird ein langes Messer ca. 1–2 cm vom Rand schräge angesetzt und durch alle Böden, bis auf den Mürbeteig, geschnitten. Der Kegel wird mit Hilfe eines Pfannenwenders herausgenommen und umgedreht wieder in die Lücke gesetzt.

Garnitur:

Die Torte rundherum mit Sahne einstreichen und mit Schokostreusel und Preiselbeeren garnieren.

Prinz Eugen-Torte

Rührteig:

75 g Butter
140 g Zucker
6 Eigelb
150 g ger. Mandeln
150 g ger. Blockschokolade
2 EL Rum
1 Pck. Backpulver
2 EL Mehl

6 Eiweiß, steif geschlagen

Alle Zutaten miteinander verrühren und zum Schluss den Eischnee unterheben. Teig in eine mit Backpapier ausgelegte 28-cm-Springform füllen und im vorgeheizten Backofen bei 180 °C ca. 40 Minuten backen. Anschließend auskühlen lassen und auf eine Tortenplatte setzen. Das Torteninnere herausschneiden, zerkrümeln und auf einem Backblech im Backofen trocknen.

Füllung:

Teigkrümel
50–100 g ger. Schokolade
500 ml Schlagsahne, geschlagen

Teigkrümel mit der Schokolade vermischen und unter die Sahne ziehen. Füllung in den ausgehöhlten Boden geben.

Garnitur:

250 ml Schlagsahne, geschlagen
Schokotäfelchen

Den Tortenrand mit der Sahne garnieren und mit Schokotäfelchen verzieren.

Johannisbeer-Sahne-Torte

RÜHRTEIG:

250 g Butter
170 g Zucker
1 Pck. Vanillezucker
4 Eigelb
250 g Mehl
2 TL Backpulver
4 Eiweiß, steif geschlagen

Alle Zutaten miteinander verrühren und zum Schluss den Eischnee unterheben.

MAKRONENGUSS:

3 Eiweiß
etwas ger. Zitronenschale, unbehandelt
100 g Zucker
150 g gem. Nüsse

½ TL Zimt
1 Prise Salz

Eiweiß steif schlagen und die weiteren Zutaten vorsichtig unterheben.

TIPP:
Die Torte schmeckt am besten, wenn man sie über Nacht durchziehen lässt.

Jeweils ⅓ des Rührteiges in eine gefettete 26-cm-Springform geben und mit ⅓ der Makronenmasse bestreichen. Nacheinander im vorgeheizten Backofen bei 200° C ca. 10 Minuten backen. Ergibt drei Böden.
Unteren Boden auf eine Tortenplatte setzen.

FÜLLUNG:

500 g rote Johannisbeeren, frisch oder TK
etwas Zucker
500 ml Schlagsahne
2 Pck. Vanillezucker
2 Pck. Sahnesteif

Johannisbeeren waschen, von den Rispen zupfen und einzuckern. Sahne mit Vanillezucker und Sahnesteif steif schlagen. Johannisbeeren unterheben. Böden mit der Füllung bestreichen und aufeinander setzen.

BELAG:

250 ml Schlagsahne
1 Pck. Vanillezucker
Johannisbeeren

Sahne mit Vanillezucker steif schlagen und die Torte damit bestreichen. Mit Johannisbeeren garnieren.

Friesische Weihnachtstorte

Knetteig:

250 g Mehl
1 Msp. Backpulver
2 Pck. Vanillezucker
150 g Créme fraîche
175 g Butter

Mehl und Backpulver vermischen und in eine Schüssel sieben. Restliche Zutaten hinzufügen und mit dem Handrührgerät, zuerst auf niedrigster, dann auf höchster Stufe durcharbeiten. Anschließend auf einer bemehlten Fläche zu einem glatten Teig verkneten. Sollte er kleben, in Folie wickeln und kalt stellen. Teig vierteln. Jedes Teigstück auf den Boden einer 28-cm-Springform ausrollen, dabei den Rand nicht zu dünn ausrollen. Springformrand herumlegen.

Streusel:

150 g Mehl
75 g Zucker
1 Pck. Vanillezucker
1 Msp. Zimt
100 g Butter

Mehl in eine Schüssel sieben. Restliche Zutaten hinzufügen und mit dem Handrührgerät zu Streusel verarbeiten und auf den Teigböden verteilen. Springformen nacheinander im vorgeheizten Backofen bei 200 °C Ober- und Unterhitze ca. 15 Minuten backen. Jeden Boden sofort nach dem Backen vom Springformboden lösen und darauf erkalten lassen. Einen Boden noch heiß in 16 Tortenstücke schneiden.

Füllung:

1 Glas Pflaumenmus (450 g)
500–750 ml Schlagsahne
25 g Zucker
1 Pck. Vanillezucker
Puderzucker zum Bestäuben

Drei unzerteilte Tortenböden mit jeweils einem Drittel des Pflaumenmus bestreichen. Sahne mit Zucker und Vanillezucker steif schlagen. Die Hälfte davon in einen Spritzbeutel mit Sterntülle füllen. Restliche Sahne gleichmäßig auf den bestrichenen Böden verteilen. Anschließend auf alle drei Böden mit der Sahne einen Rand spritzen. Die drei Böden zu einer Torte zusammensetzen. Den geschnittenen Boden fächerförmig darauf legen. Torte 2–3 Stunden kalt stellen und vor dem Servieren mit Puderzucker bestäuben.

Napfkuchen mit Eierlikör

Rührteig:
300 g Butter
300 g Zucker
1 Pck. Vanillezucker
7 Eier
2 Tassen Eierlikör
125 g geraspelte Schokolade
350 g Mehl
1 Pck. Backpulver

Aus den Zutaten der Reihe nach einen Rührteig herstellen. Teig in eine gefettete Gugelhupfform füllen und im vorgeheizten Backofen bei 175 °C ca. 70 Minuten backen. Nach Geschmack mit Puderzucker oder Schokoladenguss überziehen.

Heidesand

250 g Butter
250 g Zucker
1 Pck. Vanillezucker
1 Prise Salz
375 g Mehl

Butter zerlassen, leicht bräunen und abkühlen lassen. Anschließend mit den weiteren Zutaten verkneten und zu Rollen von ca. 4 cm Durchmesser formen. In Klarsichtfolie gewickelt über Nacht im Kühlschrank ruhen lassen. Teigrollen in ½ cm dicke Scheiben schneiden, auf ein ungefettetes Backblech legen und bei 170–180 °C ca. 25–30 Minuten backen.

Hofgarten Eckernförde

Ein großer Anziehungspunkt des Hofgartens ist der zauberhafte Hinterhof, klein, fein und idyllisch. Umgeben von traumhaften Blumen lässt man sich von Maren Becker verwöhnen.

Eckernförde ist eine viel besuchte Stadt an der Ostsee an der Innenseite der Eckernförder Bucht, ca. 25 km nördlich von Kiel. Weltbekannt sind die Kieler Sprotten, diese delikaten kleinen Räucherfische, die eigentlich aus Eckernförde kommen. Die Altstadt mit ihren engen Gassen, „Gänge“ genannt, und den restaurierten, zauberhaften Fischerhäuschen mit ihren

Hinterhöfen, liegt zwischen Hafen und Strand – eine idyllische Gegend. Im Pastorengang konnte unsere Eckernförder Cafébesitzerin Maren Becker ein besonders hübsches, gut erhaltenes Fischerhäuschen von 1890 kaufen – alleine der Hinterhof war schon eine Verlockung – und darin ein Blumengeschäft mit Accessoires und schönen Dingen, die Frauen begehren, 2009 eröffnen.

Maren Becker stammt eigentlich aus Angeln, aus einem kleinen Dorf namens Rabenkirchen in der Region Kappeln. Dort wuchs sie auf und wurde Lehrerin. Sie erzählt: „Diese Idee des kleinen Blumenladens in der Eckernförder Altstadt, einer Ansammlung von Fischerhäuschen mit ihren malerischen Hinterhöfen, war eine Vorstellung, die mich bezaubert hat. Nachdem ich das Häuschen kaufen konnte, legten wir 2009 los. Nach einem Jahr, als die Kundinnen immer wieder sagten, wie toll es wäre, wenn man hier auch noch eine Tasse Kaffee trinken könnte, fanden wir im Innenhof Platz für ein Minicafé. Es ist klein, fein und idyllisch, ein Brunnen plätschert, man ist von wunderschönen Pflanzen umgeben und immer, wenn die Sonne scheint, werden Kaffee und Kuchen durch ein offenes Fenster gereicht." Man wird das Bild nicht vergessen und immer wieder gern ins Gedächtnis rufen. Wunderschöne ausgefallene Blumen und Pflanzen verströmen einen betörenden Duft. Man sitzt in diesem romantischen Hof an kleinen Tischchen und wie im Märchen reicht einem Maren Becker duftenden Kaffee mit Gebäck durch das offene Fenster. Da dieses so ein windstilles Plätzchen ist, kann man es hier von März bis Oktober draußen genießen wie auf der eigenen Terrasse. Um sich von den anderen Cafés zu unterscheiden, hat sie sich auf Blechkuchen spezialisiert. Sie backt nach sehr traditionellen Rezepten, möglichst chemiefrei, immer saisonbedingt.

Nicht zu vergessen: Maren Becker und ihre Mitarbeiterin statten auch große und kleine Events mit ihrem Blumenschmuck aus. Bei Hochzeiten geht es vom Brautstrauß, Tafel- und Raumschmuck über Blumen für Kirche, Brautleute und Kinder bis hin zum Altar – also ist sie auch eine erfolgreiche Floristin. Ab Ende November weihnachtet es hier sehr, und sie bietet im Innenhof bei gutem Wetter auch Punsch an. Ihre Kunden bestehen inzwischen auch aus vielen Tagesgästen, die einen Ausflug nach Eckernförde machen. Hauptsächlich sind aber Einheimische hier zu Gast. Wenn man Glück hat, kann man Maren Becker frühmorgens oder abends bei einem Spaziergang am Strand treffen, wenn sie ihr geliebtes Eckernförde genießt. Ein Ausflug an die Eckernförder Bucht ist ein echter Geheimtipp!

In ihrem Blumengeschäft, kombiniert mit Accessoires, findet man viele schöne Dinge, die das Herz begehrt. Anschließend Kaffee und Kuchen genießen – das hat was!

Käsekuchen mit Erdbeeren und Erdbeerklecks

Käsekuchen mit Erdbeeren und Erdbeerklecks

12–15 STÜCKE

RÜHRTEIG:

130 g weiche Butter
130 g Zucker
2 Eier
260 g Mehl
2 gestr. TL Backpulver

Butter und Zucker verrühren. Eier nach und nach hinzugeben und unterrühren. Mehl und Backpulver vermischen und unterrühren. Teig auf ein gefettetes 30 x 40 cm Bachblech geben und glatt streichen.

QUARKMASSE:

1 kg Magerquark
1 Becher Schmand
1 Pck. Bourbon-Vanillezucker
250 g Zucker
1 Pck. Vanille-Puddingpulver
4 Eier

TIPP:
Erdbeerklecks hält sich eine Woche im Kühlschrank, lässt sich aber auch sehr gut einfrieren.

1 kl. Tasse Speiseöl
2 kl. Tassen Buttermilch
abger. Schale und Saft 1 Zitrone, unbehandelt

Quark, Schmand, Vanillezucker und Zucker verrühren. Puddingpulver unterrühren. Eier nach und nach hinzugeben und unterrühren. Öl und Buttermilch unter Rühren hinzugeben (Masse wird sehr flüssig!). Anschließend auf den Teig gießen und verteilen. Im vorgeheizten Backofen bei 170 °C Ober- und Unterhitze ca. 50–55 Minuten backen. Wenn die Oberfläche zu dunkel wird, die Temperatur etwas herunterschalten. Kuchen nach Beendigung der Backzeit im ausgeschalteten Backofen, bei geöffneter Ofentür noch etwa 15 Minuten ruhen lassen.

ERDBEERBELAG:

200 g Erdbeeren.

Erdbeeren waschen, putzen, halbieren oder vierteln.

ERDBEERKLECKS:

300 g Erdbeeren
85 g Zucker
Saft einer ½ Zitrone

Erdbeeren waschen, putzen und in Stücke schneiden. Zusammen mit Zucker und Zitronensaft in einen Topf mit großer Grundfläche geben und mit dem Pürierstab zerkleinern. Masse vorsichtig einkochen, bis alles dickflüssig wird. Noch heiß in Gläser füllen.
Kuchen in Stücke schneiden, mit Erdbeerstücken, -klecks und Zitronenmelisse dekorieren.

Schoko-Walnusskuchen mit Himbeerklecks

15–18 Stücke

Rührteig:

6 Eier
100 g dunkle Schokolade
200 g Vollmilch-Schokolade
120 g Zucker
250 g sehr weiche Butter
150 g grob gehackte Walnüsse
100 g gehackte dunkle Schokolade
120 g Mehl
2 geh. TL Backpulver

Eier trennen. Eiweiß sehr steif schlagen und beiseite stellen. 100 g dunkle und 200 g Vollmilch-Schokolade im Wasserbad schmelzen. Eigelb und Zucker schaumig schlagen, weiche Butter und geschmolzene Schokolade unterrühren. Walnüsse und Schokostückchen unterheben. Mehl und Backpulver vermischen und unterrühren. Eischnee vorsichtig unterziehen. Teig auf ein gefettetes ca. 30 x 40 cm Backblech geben und glatt streichen. Im vorgeheizten Backofen bei 160 °C ca. 40 Minuten backen. Danach auskühlen lassen.

Himbeerklecks:

450 g Himbeeren (frisch oder TK)
100 g Zucker
Saft einer Zitrone

Himbeeren, Zucker und Zitronensaft in einen Topf mit großer Grundfläche geben und zusammen erhitzen. Die Masse anschließend in ein Haarsieb schütten, auf eine passende Schüssel setzen und mit einem Spatel oder Löffel durchrühren, bis fast nur noch Kerne im Sieb sind. Masse zurück in den Topf geben und vorsichtig einkochen, bis sie dickflüssig wird. Noch heiß in Gläser füllen.
Kuchen in Stücke schneiden, mit einem Himbeerklecks und ungesüßter Sahne servieren.

Tipp:

Sollte die Himbeermasse zu dickflüssig sein, lässt sie sich mit etwas Zitronensaft strecken. Sie hält sich gut eine Woche im Kühlschrank, kann aber auch eingefroren werden und später zu Pudding, Eis und anderen Desserts gereicht werden.

Rhabarberkuchen mit Butterstreusel

TIPP:

Der Puderzucker macht den Rhabarber saftig, die Stärke verhindert, dass der Kuchen matschig wird. Meersalz im Streuselteig – super lecker, ähnlich wie Shortbread!

12–15 STÜCKE

RÜHRTEIG:

1 kg Rhabarber
2 EL Puderzucker
2 EL Speisestärke

200 g weiche Butter
200 g Zucker
4 Eier
abger. Schale einer ½ Zitrone, unbehandelt
320 g Mehl
3 gestr. TL Backpulver

Rhabarber waschen, putzen und in 1 cm lange Stücke schneiden. Erst mit Puderzucker, dann mit Stärke bestreuen.
Butter und Zucker verrühren. Eier nach und nach unterrühren. Zitronenschale hinzugeben. Mehl und Backpulver vermischen und unterrühren. Die Hälfte des Rhabarbers unter den Teig mischen, alles auf ein gefettetes 30 x 40 cm Backblech geben und glatt streichen. Die zweite Hälfte des Rhabarbers auf den Teig geben und gleichmäßig verteilen.

STREUSEL:

100 g weiche Butter
100 g Zucker
150 g Mehl
1 gestr. TL Meersalz

Aus den Zutaten mit einem Knethaken die Streusel zubereiten und gleichmäßig auf dem Rhabarber verteilen.
Im vorgeheizten Backofen bei 170 °C Ober- und Unterhitze ca. 45 Minuten backen.

Blaubeerkuchen mit Mandeln

12–15 Stücke

500 g frische Blaubeeren

Rührteig:

200 g weiche Butter
200 g Zucker
4 Eier
abger. Schale 1 Zitrone, unbehandelt
170 g Mehl
150 g gem. Mandeln
2 geh. TL Backpulver
100 g gehobelte Mandeln
1 Pck. Vanillezucker

Blaubeeren abspülen und auf einem Tuch abtropfen lassen.
Butter und Zucker verrühren. Eier nach und nach hinzugeben und unterrühren. Zitronenabrieb unterheben. Mehl, gemahlene Mandeln und Backpulver vermischen und unterrühren. Teig auf ein gefettetes 30 x 40 cm Backblech geben und glatt streichen. Blaubeeren gleichmäßig auf dem Teig verteilen und mit gehobelten Mandeln und Vanillezucker bestreuen. Im vorgeheizten Backofen bei 170 °C Ober- und Unterhitze ca. 40 Minuten backen.

Tipp:
Dieser Kuchen lässt sich auch problemlos mit frischen Himbeeren backen.

Café

Café Uhrendorf

In der gemütlichen Caféstube mit Kamin beleben handgemachte Unikate aus Papier und Pappmaschee den Raum.

Die Wilstermarsch ist traditionell ein beliebtes Touristenziel. Besonders Radfahrer suchen hier Erholung in der weiten ebenen Landschaft. Mitten in der Wilstermarsch, direkt an der Stör, liegt der idyllische Ort Beidenfleth mit der alten Windmühle „Hoffnung“ und der St.-Nicolai-Kirche. Hier finden wir das Café Uhrendorf mit seiner blumengeschmückten Holzterrasse und seinen zwei Caféräumen mit gemütlichem Kamin. Handgemachte Unikate aus Papier und Pappmaschee beleben die Gasträume. Seit vielen Jahren ist das Café Uhrendorf bei Einheimischen und Touristen bekannt und beliebt. Aber seit April 2011 weht hier ein neuer Wind. Die temperamentvolle Bayerin Christl Klausenitzer hat hier neu eröffnet und mit ihrer Vielseitigkeit in Kunst und Kochen ihre Persönlichkeit eingebracht. Ihre Torten, Kuchen und auch Speisen spiegeln ihr ganzes Können wider.

Das Maskottchen des Cafés ist ein Pappmaschee-Engel.

Eigentlich ist sie studierte Musikerin, hat als Posaunistin in verschiedenen Bläserensembles, Symphonieorchestern und der Damen-Showband „Bayrische 7“ musikalisch gewirkt.
Nachdem sie als Hausfrau und Mutter ihre drei Söhne großgezogen hatte, wollte sie sich einen alten Traum erfüllen und ein Café besonderer Art eröffnen, und zwar sollte das in Norddeutschland, ihrer alten Sehnsucht, geschehen. Nach langem Suchen fand sie den idealen Ort Beidenfleth an der Stör, zwischen Itzehoe und Glückstadt gelegen, wo sich Fahrradtouristen/Kanuten und andere Ausflügler treffen.
Ich nähere mich von Osten her dem idyllischen Ort, setze mit der legendären Seilfähre „Else“ über und komme gleich in die richtige romantische Stimmung. Christl Klausenitzer bezaubert mit ihrem einnehmenden Wesen und ihren Köstlichkeiten der Back- und Kochkunst. Für dieses Buch hat sie extra ihre Melonentorte kreiert, die zum Nachbacken sehr empfohlen werden kann. Weitere 50 Torten sind in ihrem Repertoire. Ihren Cafébetrieb öffnet sie von März bis Oktober freitags von 13:00–18:00 Uhr, samstags und sonntags von 10:00–18:00 Uhr. November und Dezember nur am Wochenende. Den Januar und Februar braucht die Künstlerin für eine Regenerationspause, in der sie aber auch noch Kurse für Pappmaschee-Figuren abhält.
Sehr beliebt sind die von ihr liebevoll ausgestalteten Familienfeiern wie Geburtstage, Jubiläen, Konfirmationen usw., die nach Absprache individuell gefeiert werden können. Nicht zu vergessen ist ihr köstliches Frühstück, das ebenfalls zu Empfängen und kleinen Feiern erweitert werden kann.
Christl Klausenitzer gibt jedem das Gefühl, ihr besonderer Gast zu sein und entlässt alle mit ihrer herzlichen Art, sodass man immer gerne wiederkommt.

Selbst auf der sonnigen Terrasse sieht man lustige Papiergeschöpfe.

Rosen-Petit Fours

Erdbeertörtchen

RÜHRTEIG:

150 g weiche Butter
120 g Zucker
2 Eier
200 g Mehl
2 TL Backpulver
abgeriebene Schale von ½ Zitrone, unbehandelt
1 Prise Salz
150 ml Buttermilch

250 g frische Erdbeeren

Butter und Zucker schaumig rühren. Eier nacheinander hinzugeben und unterrühren. Mehl und Backpulver vermischen, darübersieben und unterheben. Zitronenschale, Salz und Buttermilch hinzugeben und schnell unterrühren.
Ein Muffinblech mit 12 Vertiefungen einfetten oder mit Papierförmchen auslegen. Teig einfüllen und im vorgeheizten Backofen bei 180 °C ca. 30 Minuten backen. Anschließend auskühlen lassen. Muffins mit einem Teelöffel aushöhlen und in jede Mulde eine kleine Erdbeere setzen. Restliche Erdbeeren pürieren, man braucht zwei Esslöffel Erdbeermus.

VERZIERUNG:

100 g Butter
250 g Frischkäse
4 EL Puderzucker
2 EL Erdbeermus

Butter, Frischkäse, Puderzucker und Erdbeermus mit dem Pürierstab cremig rühren und in einen Spritzbeutel mit großer Tülle füllen. Anschließend schöne Tuffs auf die Törtchen spritzen und mit einem Rest Erdbeermus oder Erdbeerspalten verzieren.

Rosen-Petit Fours

CA. 30 STÜCK

BISKUIT:

8 Eier
120 g Zucker
1 Prise Salz
200 g Mehl
1 Glas Rosenblütenmarmelade
250 g Marzipanrohmasse
400 g Puderzucker
2 EL Rosenwasser
4–5 EL Wasser
rote Lebensmittelfarbe

Eier, Zucker und Salz schaumig schlagen. Mehl vorsichtig, aber zügig unterheben. Zwei Backbleche mit Backpapier belegen und den Biskuitteig darauf verstreichen. Im vorgeheizten Backofen bei 180 °C ca. 10 Minuten backen. Danach sofort auf ein gezuckertes Küchentuch oder eine Lage Backpapier stürzen und das mitgebackene Backpapier abziehen. Böden auskühlen lassen. Danach quer halbieren, so dass vier Teile entstehen. Rosenblütenmarmelade auf die Böden streichen und diese aufeinandersetzen.

Marzipan mit 50 g Puderzucker verkneten, dünn auf die Größe des Biskuitblocks ausrollen und obendrauf legen. Die überstehenden Ränder sorgfältig abschneiden und für die Garnitur aufbewahren. Eine Folie auf den Block legen, mit einem Brett und Gewichten beschweren und über Nacht kalt stellen.

Inzwischen das restliche Marzipan nach Geschmack einfärben. Kleine Kügelchen formen und diese zu 3–4 cm langen Würstchen rollen, platt drücken und durch Aufrollen zu Röschen formen.

Die Ränder des Biskuitblocks sauber abschneiden und den Block in etwa 3x3 cm große Würfel schneiden. Den restlichen Puderzucker mit 2 EL Rosenwasser und 4–5 EL Wasser und, falls erwünscht, etwas Lebensmittelfarbe zu einem dünnflüssigen Guss verrühren. Die Würfel von unten mit einer Gabel aufspießen, in den Guss tauchen und auf einem Kuchengitter abtropfen lassen. Solange der Guss noch nicht ganz fest ist, die Marzipanröschen daraufsetzen.

TIPP:
Man kann die Petit Fours in Rosa oder Weiß belassen oder mit beiden Farben mischen.

Melonentorte mit Minze

MINZESPIEGEL:
3 Blatt Gelatine, weiß
1 Bund frische Minze
1 Limette, unbehandelt
2 EL Zucker
300 ml Wasser
1 EL Minzesirup

Zunächst den Minzespiegel zubereiten, mindestens 4 Stunden vor der Zubereitung der restlichen Torte.

Gelatine in kaltem Wasser einweichen. Aus Minze, Limettenabrieb, Saft einer ½ Limette, 2 EL Zucker und 300 ml Wasser einen Minztee kochen und eine halbe Stunde ziehen lassen.
Minztee durch ein Sieb abgießen, 1 EL Minzesirup dazugeben. 2 EL dieser Flüssigkeit in einem Topf erhitzen und die ausgedrückte Gelatine darin auflösen. Einen tiefen Teller oder eine geschlossene Tortenform (26 cm) mit Klarsichtfolie auslegen. Zwei Drittel der Flüssigkeit einfüllen und zum Erstarren in den Kühlschrank

geben. Den Rest der Flüssigkeit in ein flaches mit Klarsichtfolie ausgelegtes anderes Gefäß füllen und kühl stellen.

MELONENSPIEGEL UND GARNITUR:

1 Wassermelone (ca. 600 g Fruchtfleisch)
1 Honig- od. Galiamelone
1 Blatt Gelatine, weiß
1 EL Zucker

In der Zwischenzeit aus der Wassermelone und der Honig- oder Galiamelone Kugeln in unterschiedlichen Größen ausstechen. In einem geschlossenen Behälter kühl stellen. Vom übrigen Fruchtfleisch der Honig- oder Galiamelone 200 g abnehmen und pürieren (wird später für die Füllung gebraucht). Kühl stellen.
Für den Melonenspiegel vom übrigen Fruchtfleisch der Wassermelone 100 g abnehmen und getrennt pürieren. 1 Blatt Gelatine in kaltem Wasser einweichen. Das Wassermelonenpüree mit 1 EL Zucker süßen. 2 EL vom Püree in einem kleinen Topf erwärmen und die ausgedrückte Gelatine darin auflösen.
Wie beim Minzegelee ein flaches Gefäß mit Klarsichtfolie auslegen, das Püree einfüllen und kühl stellen.

MANDEL-BISKUIT:

4 Eier
120 g Zucker
1 Prise Salz
120 g Mehl
1 TL Backpulver
40 g geriebene Mandeln

Eier, Zucker und Salz schaumig schlagen. Mehl, Backpulver und Mandeln vermischen und zügig unterheben. Teig in eine gefettete 26-cm-Springform füllen und im vorgeheizten Backofen bei 180 °C ca. 25 Minuten backen. Anschließend gut auskühlen lassen. Boden auf eine Tortenplatte setzen und einmal waagerecht durchschneiden.

FÜLLUNG:

300 g Naturjoghurt
200 g Fruchtfleischpüree
100 g Zucker
1 Bund frische Minze
Saft einer ½ Limette
8 Blatt Gelatine, weiß
500 ml Schlagsahne

Joghurt, Fruchtfleischpüree und Zucker verrühren. Minze fein hacken, unterrühren, ebenso den Saft der halben Limette. Gelatine in kaltem Wasser einweichen, ausdrücken, in einem kleinen Topf erhitzen und auflösen. Anschließend in die Joghurt-Melonenmasse rühren. Sahne steif schlagen und unterheben.

Den unteren Tortenboden leicht mit der Joghurt-Sahnemasse bestreichen. Das feste Minzgelee aus der runden Form vorsichtig darauf stürzen. Klarsichtfolie abziehen und für den weiteren Aufbau mit einem Tortenring umlegen. Einen Zentimeter der Joghurt-Sahnemasse einfüllen und einen Teil der ausgestochenen Wassermelonenkugeln mit Abstand darauf verteilen. Den Rest (bis auf 200 ml) der Joghurt-Sahnemasse einfüllen. Den zweiten Biskuitboden vorsichtig auflegen, die restliche Joghurt-Sahnemasse darauf verteilen. Im Kühlschrank mindestens 4 Stunden kühlen.
Zur Fertigstellung den Tortenring lösen. Wassermelonen- und Minzgelee jeweils vorsichtig auf einen Teller stürzen und die Folie abziehen. Für die Dekoration Vierecke oder andere Motive mit einem Messer ausschneiden und mit Hilfe eines Tortenhebers auf die Torte legen, dabei ein hübsches Muster gestalten. Nun noch die verschiedenen Melonenkugeln darauf- oder dazwischenlegen.

Leo-Torte

Biskuit:

4 Eier
120 g Zucker
30 g Butter
120 g Mehl
1 TL Backpulver
1 EL Kakaopulver

Eier, Zucker und Butter schaumig schlagen. Mehl und Backpulver vermischen, darübersieben und unterheben. Die Hälfte des Teiges abnehmen und den Kakao unterrühren. Den hellen Teig auf ein mit Backpapier belegtes Backblech verteilen. Den dunklen Teig in einen Spritzbeutel geben und damit das gewünschte Muster „hineinmalen". Im vorgeheizten Backofen bei 180 °C ca. 10 Minuten backen. Aus dem Ofen nehmen und in Streifen von ca. 8 cm Höhe schneiden.
Streifen aufrollen und abkühlen lassen. Danach als Rand in einen 26-cm-Tortenring stellen. Den übrigen Biskuit zerzupfen und als Boden verteilen.

Schokocreme:

100 g Zartbitter-Kuvertüre, fein gehackt
50 g Zucker
150 ml Orangensaft
5 Blatt Gelatine
300 ml Schlagsahne, geschlagen

Kuvertüre und Zucker in erhitztem Orangensaft auflösen. Gelatine in kaltem Wasser einweichen, ausdrücken, in der Orangenschokolade auflösen. Abkühlen lassen und die Sahne unterheben. Masse in der Form verteilen und ca. 3 Stunden kühl stellen.

Orangencreme:

2 Bio-Orangen
500 g Joghurt
75 g Zucker
6 Blatt Gelatine
200 ml Schlagsahne, geschlagen

Orangenschale abreiben. Saft der beiden Orangen auspressen. Beides mit Joghurt und Zucker verrühren. Gelatine einweichen, ausdrücken, in etwas erhitztem Orangensaft auflösen und in die Joghurtmischung rühren. Sahne unterheben und auf die Schokocreme geben. Wieder 3 Stunden kühl stellen.

GUSS:

1 Pck. Tortenguss, weiß
250 ml Orangensaft

Tortenguss nach Packungsanweisung im Orangensaft auflösen und auf die Orangencreme geben. Tortenring vorsichtig entfernen.

Aperol-Rhabarber-Torte

Rührteig:

4 Eier
75 g Zucker
150 ml Öl
150 ml Orangensaft
250 g Mehl
1 Pck. Backpulver
50 ml Aperol

Eier und Zucker schaumig schlagen. Öl und Saft dazugießen. Mehl und Backpulver vermischen, darübersieben und rasch unterrühren. Teig in eine gefettete 26-cm-Springform füllen und im vorgeheizten Backofen bei 180 °C ca. 30 Minuten backen. Anschließend auf einem Tortengitter auskühlen lassen. Boden einmal waagerecht durchschneiden. Beide Böden mit Aperol tränken, auf Tortenplatten setzen und mit Tortenringen umlegen.

Aperol-Füllung:

500 g Rhabarber
100 g Zucker
200 g Erdbeeren
8 Blatt Gelatine
150 ml Aperol

Rhabarber schälen, in Stücke schneiden, mit dem Zucker vermischen und mindestens eine Stunde Saft ziehen lassen. Erdbeeren abspülen, putzen, in Stücke schneiden und beiseite stellen. Gelatine in kaltem Wasser einweichen.

Rhabarber im eigenen Saft kurz dünsten. Die Stücke sollten ganz bleiben, aber weich sein. Topf vom Herd nehmen. Die ausgedrückte Gelatine im Rhabarberkompott auflösen. Erdbeerstücke dazugeben. Zum Schluss 150 ml Aperol unterrühren. Sobald die Aperolmasse zu gelieren beginnt, 2/3 auf dem unteren und den Rest auf dem oberen Boden verstreichen. Beide Böden in den Kühlschrank stellen, bis die Aperolmasse fest ist.

Sahne-Füllung:

300 ml Schlagsahne
1 Pck. Vanillezucker
2 Blatt Gelatine

Sahne mit dem Vanillezucker steif schlagen. Gelatine in einem Töpfchen vorsichtig erwärmen, dabei auflösen, unter die geschlagene Sahne rühren und auf dem unteren Boden auf der Aperolmasse verteilen. Den zweiten Boden darauf setzen und die Torte einige Stunden in den Kühlschrank stellen. Den Tortenring vor dem Servieren lösen.

Apfelstrudel wie von Oma aus Huglfing

Ergibt zwei kleinere oder einen großen Strang

Teig:

250 g Mehl
80 ml Wasser
1 EL Öl
1 Ei
1 Prise Salz
20 g Butter, flüssig

Zutaten in eine Rührschüssel geben und mit dem Knethaken zu einem glatten Teig verrühren. Danach mit einem Tuch abdecken und mindestens 1 Stunde ruhen lassen (nicht kalt stellen).

Anschließend auf einem Brett mit Hilfe von Mehl mit einer Teigrolle ausrollen. Zwischendurch den Teig immer wieder hoch nehmen und mit der Hand über den Handrücken dünner ziehen. Der Strudelteig muss tatsächlich fast so dünn sein, dass sich die sprichwörtliche Zeitung durchlesen lässt. Kurz bevor das Ziel erreicht ist, muss der Teig auf ein bemehltes Küchentuch verlagert werden (dabei über den Unterarm falten). Hier noch mal ziehen, bis er richtig dünn geworden ist. Wenn ein paar kleine Löcher entstehen, macht es nichts. Teig mit flüssiger Butter bestreichen.

Füllung:

1,5 kg feste säuerliche Äpfel
Zimt und Zucker
75 g Rosinen

außerdem etwa 150 g flüssige Butter

Äpfel schälen und in kleine Schnitze schneiden, je feiner, desto feiner wird der Strudel.

Apfelstückchen auf dem unteren Drittel der Teigplatte verteilen, dabei den Rand frei lassen. Zimt und Zucker darüberstreuen, ebenso die gewaschenen Rosinen gleichmäßig darauf verteilen. Die Teigseiten links und rechts einschlagen, dann durch Anheben des Tuches den Strudel einrollen und schließlich auf das gefettete Backblech rollen. Im vorgeheizten Backofen bei 180 °C ca. 35 Minuten backen. Fünf Minuten vor Backzeitende die Strudeloberfläche mit flüssiger Butter bestreichen. Vor dem Servieren mit Puderzucker bestäuben.

Der Apfelstrudel kann warm direkt aus dem Ofen, oder auch kalt (Zimmertemperatur) gegessen werden. Dazu schmeckt eine Vanillesoße sehr köstlich.

ZONE

Café Marleen

Lang, lang ist's her, als die Viermastbark „Passat" noch auf den großen Weltmeeren segelte. Sie lief 1911 in Hamburg bei Blohm&Voss vom Stapel. 1959 ging sie für immer in Travemünde vor Anker und wurde ein maritimes Denkmal. Genau gegenüber, in der Vorderreihe 65, direkt an der Promenade, steht eine Jugendstilvilla von 1839. Georg Blohm kaufte das Eckhaus 1859 und nutze es in den Sommermonaten – seitdem ist es in Familienbesitz.

Im Wintergarten mit Blick auf's Wasser und die vorbei fahrenden „Pötte" kann man Frühstück oder Kaffee und Kuchen genießen.

2010 eröffnete in diesem Hause das Café Marleen, das von Martina Schendel und ihrer Tochter Marleen betrieben wird. Das Backen liegt der Familie im Blut. Schon der Opa eröffnete in Timmendorfer Strand eine Bäckerei, in der Vater Thomas später Bäcker- und Konditormeister wurde. Als Mutter Martina hinzukam, wurde ein großer Familienbetrieb aufgebaut. Sie hatte schon immer den Traum, auch noch ein Café zu eröffnen. Es wurde daraus das „Café Marleen" in Timmendorfer Strand, benannt nach ihrer Tochter. Nach 25 Jahren wurde das Haus abgerissen, es musste eine neue Bleibe gefunden werden, und sie landeten in Travemünde.

„Wir hatten großes Glück, diese traumhafte Villa in großartiger Lage übernehmen zu können. Innen im Haus ist alles im Ursprung erhalten:

Bis zu 20 verschiedene Torten stehen dem Gast täglich zur Auswahl.

Die Séparées eignen sich wunderbar für Familienfeiern.

sat trauen lassen und anschließend bei uns seine Hochzeit feiern. Wer alte Pötte, Großfähren, Kreuzfahrtschiffe und neue Segler dicht nebeneinander sehen will, kann dieses bei Kaffee und Kuchen auf unserer Terrasse genießen. Gegenüber des Cafés liegt unsere Eisdiele Marleen, die wir seit zwei Jahren auch sehr erfolgreich betreiben. Wir haben 100 Innen- und 100 Außenplätze und 365 Tage im Jahr von 9:00–19:00 Uhr geöffnet."

Ein Ausflug nach Travemünde, Lübecks schöner Tochter, verbunden mit einer Einkehr ins Café Marleen und sich dort von zwei charmanten, attraktiven Frauen wie Martina und Marleen verwöhnen zu lassen, ist etwas ganz Besonderes.

der alte Kamin, das Eichenparkett, sogar die alten Kristallkronleuchter sind noch aus der Zeit. Darüber sind wir sehr glücklich. Meine Mutter, das Café Marleen-Team und ich schmeißen den Laden. Mutti ist die dominierende Persönlichkeit, weil sie mit Gästen unheimlich gut umgehen kann. Ich bin ihre Tochter, die hier hineinwächst, und eines Tages werde ich das Café übernehmen. Mein Papa Thomas Schendel berät mich bei Rezepturen, wenn wir neue Torten kreieren wollen. Wir backen alles selbst und haben täglich bis zu 20 verschiedene Kuchen und Torten in unserer Vitrine. Viele davon sind nach alten Familienrezepten gebacken. Natürlich haben wir auch immer Klassiker wie Marzipan-Nuss-Torte, Stachelbeer-Baiser oder Frankfurter Kranz im Programm. Sie dürfen einfach nicht fehlen. Das Highlight ist aber unsere „Champagner-Torte". Ab 9:00 Uhr bieten wir auch verschiedene Frühstücke an und mittags eine kleine Karte mit Hausmannskost. Wir sind in der glücklichen Lage, viele Séparées in diesem Haus zu haben, weshalb wir auch Gesellschaften ausrichten. Man kann sich zum Beispiel auf der Pas-

Direkt gegenüber dem Café liegt die Viermastbark „Passat", die 1911 bei Blohm & Voss vom Stapel lief. 1959 ist sie in Travemünde für immer vor Anker gegangen, ein maritimes Denkmal.

Champagner-Torte

Creme:

3 Eier
350 ml Champagner
2 Pck. Zitronencremepulver
400 ml Schlagsahne
2 Pck. Sahnesteif
2 Pck. Vanillezucker

Champagner-Torte

Biskuit:

3 Eier
1 Prise Salz
90 g Zucker
2 EL Wasser
90 g Mehl
3 gehäufte TL Kakaopulver

Eier trennen. Eiweiß mit einer Prise Salz, 1 EL Zucker steif schlagen. Eigelb mit restlichem Zucker und 2 EL Wasser cremig rühren. Mehl, Kakao sowie den Eischnee vorsichtig unterheben. Teig in eine mit Backpapier ausgelegte 28-cm-Springform füllen und im vorgeheizten Backofen bei 180 °C ca. 35 Minuten backen. Anschließend auf einem Kuchengitter auskühlen lassen. Boden auf eine Tortenplatte setzen, einmal waagerecht durchschneiden und den unteren Boden mit einem Tortenring umlegen.

Eier trennen. Eigelb schaumig schlagen. Champagner unterziehen und das Zitronencremepulver einrühren. Eiweiß steif schlagen und unterheben, danach ca. 30 Minuten in die Kühlung stellen. Sahne mit Sahnesteif und Vanillezucker steif schlagen und unter die Creme heben.
Den unteren Boden mit 2/3 der Creme bestreichen und den zweiten Boden auflegen. Die Oberfläche und den Rand mit der restlichen Creme kuppelförmig bestreichen und ca. 2 Stunden in den Kühlschrank stellen.

Garnitur:

400 g Zartbitter- und Vollmilchkuvertüre
Puderzucker zum Bestäuben

Kuvertüren zusammen im Wasserbad schmelzen und mit einem Spatel hauchdünn auf ein mit Backpapier belegtes Backblech streichen. Antrocknen lassen, dünne Scheiben vom Backblech abspachteln, auf die Torte geben und mit Puderzucker bestäuben.

Joghurt-Heidelbeer-Torte

MÜRBETEIG:

150 g Weizenmehl
50 g Zucker
1 Pck. Vanillezucker
1 Prise Salz
100 g Butter oder Margarine

Mehl in eine Schüssel geben. Zucker, Vanillezucker, Salz und Butter/Margarine hinzufügen. Mit Knethaken gut durcharbeiten und anschließend mit den Händen verkneten. Teig auf dem Boden einer mit Backpapier ausgelegten 26-cm-Springform ausrollen und mehrmals mit einer Gabel einstechen. Im vorgeheizten Backofen bei 200 °C ca. 15 Minuten backen. Anschließend auskühlen lassen. Boden aus der Form lösen und auf eine Tortenplatte setzen.

BISKUIT:

2 Eier
50 g Zucker
1 Pck. Vanillezucker
50 g Weizenmehl
25 g Speisestärke
1 gestr. TL Backpulver

2 EL Johannisbeer-Gelee zum Bestreichen

Eier mit dem Mixer auf höchster Stufe 1 Minute schaumig schlagen.
Zucker und Vanillezucker nach und nach einstreuen und weitere 2 Minuten schlagen. Mehl, Speisestärke und Backpulver vermischen, auf die Eicreme sieben und kurz unterrühren. Teig in eine mit Backpapier ausgelegte 26-cm-Springform füllen und im vorgeheizten Backofen bei 180 °C ca. 25 Minuten backen. Danach auskühlen lassen.

Johannisbeer-Gelee in der Mikrowelle etwas erwärmen und auf dem Mürbeteigboden verstreichen. Den Biskuitboden darauf legen und andrücken. Böden mit einem Tortenring umlegen.

FÜLLUNG:

8 Blatt Gelatine, weiß
500 g Naturjoghurt
60 g Zucker
4 EL Zitronensaft
400 ml Schlagsahne
500 g Heidelbeeren
1 Pck. Tortenguss, rot

Gelatine nach Anweisung in kaltem Wasser einweichen. Joghurt, Zucker und Zitronensaft verrühren. Gelatine ausdrücken und im Wasserbad erwärmen, bis sie aufgelöst ist. Etwas Joghurtmasse mit dem Schneebesen unterschlagen, dann den Rest einarbeiten. Sahne steif schlagen und unterziehen. Masse auf den Tortenboden streichen und mindestens 3 Stunden kalt stellen, am besten über Nacht.
Heidelbeeren waschen, trocknen und auf der Joghurtmasse verteilen. Guss nach Packungsanleitung zubereiten, Heidelbeeren damit überziehen.

Himbeerschnitte mit Baiser

Zutaten für 12 Stücke

Boden:

200 g Baiser- oder Zuckerschäumchen
200 g Kuchenglasur (Vollmilch)

12 Baiserschäumchen für die Garnitur beiseite legen, die restlichen nebeneinander auf den Boden einer rechteckigen Kuchenplatte setzen. Einige Schäumchen zerkleinern und in die Zwischenräume füllen.
Kuchenglasur im Wasserbad schmelzen und gleichmäßig auf den Schäumchen verteilen.

Füllung:

100 ml Himbeersirup
150 g Himbeeren
1 Pck. Vanillezucker
7–8 Blatt Gelatine, weiß
300 g Naturjoghurt
400 ml Schlagsahne, geschlagen

Himbeersirup mit den Himbeeren und dem Vanillezucker einmal aufkochen und vom Herd nehmen. Die gewässerte, gut ausgedrückte Gelatine darin auflösen.
Naturjoghurt unterrühren. Sahne unter den Himbeerjoghurt mischen. Füllung auf den Baiserboden geben, glatt streichen und mit einem Esslöffel ein Wellenmuster hineindrücken. Anschließend in den Kühlschrank stellen und über Nacht durchkühlen lassen.

Garnitur:

200 g Himbeeren
Puderzucker zum Bestäuben
frische Zitronenmelisse

Kuchen mit frischen Himbeeren und Baiserschäumchen belegen und mit Puderzucker bestäuben. Himbeerschnitten in Stücke schneiden und mit Zitronenmelisse verzieren. Bis zum Verzehr kühl stellen.

Tipp:

Damit die Schäumchen auf der Kuchenplatte etwas mehr Halt haben, aus Alu-Folie einen Rand falten und damit umlegen.

Frankfurter Kranz

Rührteig:

100 g weiche Margarine oder Butter
150 g Zucker
1 Pck. Vanillezucker
4 Tropfen Zitronen-Aroma (aus der Röhre)
oder ½ Röhre Rum-Aroma
1 Prise Salz
3 Eier (Größe M)
150 g Weizenmehl
50 g Speisestärke
2 gestr. TL Backpulver

Fett in einer Schüssel mit dem Mixer geschmeidig rühren. Nach und nach Zucker, Vanillezucker, Aroma und Salz unter Rühren hinzufügen, bis eine gebundene Masse entsteht. Jedes Ei etwa ½ Minute auf höchster Stufe unterrühren. Mehl, Speisestärke und Backpulver vermischen und in zwei Portionen kurz auf mittlerer Stufe unterrühren. Teig in eine gefettete Kranzform füllen, glatt streichen und im vorgeheizten Backofen bei 180 °C ca. 40 Minuten backen. Kuchen anschließend 10 Minuten in der Form stehen lassen, dann auf ein Kuchengitter stürzen und auskühlen lassen. Anschließend auf eine Tortenplatte setzen und viermal waagerecht durchschneiden.

Krokant:

10 g Butter
60 g Zucker
125 g geh. Mandeln

Butter, Zucker und Mandeln in einer Pfanne unter Rühren erhitzen, bis der Krokant gebräunt ist. Anschließend auf Alu-Folie geben und erkalten lassen.

Buttercreme:

1 Pck. Vanille-Puddingpulver
100 g Zucker
500 ml Milch
250 g weiche Butter

Pudding nach Packungsanleitung mit 100 g Zucker und Milch zubereiten. Anschließend bei Zimmertemperatur erkalten lassen. Gelegentlich

durchrühren. Butter mit dem Mixer geschmeidig rühren und den erkalteten Pudding löffelweise unterrühren. Darauf achten, dass Butter und Pudding Zimmertemperatur haben, da die Buttercreme sonst gerinnt. Vier Böden mit Buttercreme bestreichen. Anschließend alle Böden zusammensetzen. Den Kranz mit der restlichen Creme vollständig einstreichen (1–2 EL für die Garnitur beiseite stellen) und mit Krokant bestreuen.

Garnitur:

Buttercreme
Belegkirschen

Restliche Buttercreme in einen Spritzbeutel mit Sterntülle füllen, den Kranz damit verzieren und mit Belegkirschen dekorieren. Kuchen mindestens zwei Stunden kalt stellen.

Cappuccino-Torte

Mürbeteig:

150 g Mehl
50 g Zucker
1 Pck. Vanillezucker
1 Prise Salz
100 g Butter/Margarine

Mehl in eine Schüssel geben. Zucker, Vanillezucker, Salz und Butter/Margarine hinzufügen. Mit Knethaken gut durcharbeiten und anschließend mit den Händen verkneten. Teig auf dem Boden einer mit Backpapier ausgelegten 26-cm-Springform ausrollen und mehrmals mit einer Gabel einstechen. Im vorgeheizten Backofen bei 200 °C ca. 15 Minuten backen. Anschließend auskühlen lassen. Boden aus der Form lösen und auf eine Tortenplatte setzen.

Dunkler Biskuit:

2 Eier
50 g Zucker
1 Pck. Vanillezucker
50 g Mehl

25g Speisestärke
1 gestr. TL Backpulver
5 EL ungesüßtes Kakaopulver

Etwas hellerer Biskuit:

2 Eier
50 g Zucker
1 Pck. Vanillezucker
50 g Mehl
25 g Speisestärke
1 gestr. TL Backpulver
2 ½ EL ungesüßtes Kakaopulver
2 EL Konfitüre

Eier mit dem Mixer auf höchster Stufe 1 Minute schaumig aufschlagen.
Konfitüre in der Mikrowelle etwas erwärmen und auf dem Mürbeteigboden verstreichen. Den dunkleren Boden darauf legen und etwas andrücken. Böden mit einem Tortenring umlegen.

Füllung:

1 l Schlagsahne
60 g Cappuccino- oder Kaffeepulver
2 Pck. Vanillezucker
3 Pck. Sahnesteif

Am Tag zuvor 250 ml Sahne erhitzen und das Cappuccinopulver darin auflösen. Danach über Nacht kalt stellen.

Cappuccino-Sahne aus dem Kühlschrank nehmen, die restlichen 750 ml Sahne hinzugeben und mit Vanillezucker und Sahnesteif steif schlagen. ⅓ der Sahne auf dem dunklen Biskuit verstreichen. Den helleren Boden darauf setzen, mit ⅓ der Sahne bestreichen. Den Rand rundherum mit Sahne einstreichen und die Torte mit dem Rest verzieren.

Garnitur:

geriebene Zartbitter-Schokolade
16 Kaffeebohnen oder Schokoplättchen

Torte mit geriebener Schokolade bestreuen und nach Geschmack mit Kaffeebohnen oder Schokoplättchen verzieren.

éclair

Landcafé éclair

Die Innenausstattung des Cafés hat einen ganz besonderen Charme.

Fährt man von St.-Peter-Ording zum Westerhever Leuchtturm, findet man, traumhaft gelegen, 300 Meter vom Deich, das Landcafé éclair in einem reetgedeckten Bauernhaus von 1935 im Tümlauer-Koog. Dieses Café hat im Sommer wie im Winter seinen ganz eigenen Charme. Im Sommer sind es die Weite, die Einsamkeit und die Naturgeräusche und im Winter die Dunkelheit, die Wärme, das Rauschen der alten Apfelbäume, das Kerzenlicht und die vielen winterlichen Düfte. Hier fühlt man sich bei Clare Döhring-Schogs wie bei einer Freundin zu Gast. Unterstützt wird sie von ihrem charmanten Ehemann Henry. Clare ist gebürtige Engländerin, was man in ihrem Café sofort spürt. Die Farben sind von „Pink" dominiert, und die Accessoires und Kuchen sind „very british". Aber auch französische Spezialitäten werden hier angeboten wie zum Beispiel ein Brandteiggebäck, ähnlich unserem deutschen Windbeutel, Éclairs, und natürlich werden, um das Wortspiel perfekt zu machen, Éclairs serviert von Clare im Landcafé éclair. „Ich backe natürlich alles selbst, und ganz unbewusst kriegen die meisten Torten und Kuchen immer so einen englischen Touch. Unser Highlight ist aber unsere Friesentorte nach eigenem Rezept, die im Sommer und Winter der „Renner" ist. Aber neben Torten und Gebäck gibt es auch eine kleine, aber feine Karte mit Snacks und verschiedenen Tagessuppen und Produkten der Region wie Lammsalami und Ziegenkäse. Vieles wird im eigenen Gewächshaus gezogen wie Tomaten und Gurken, Zutaten zu den selbstgemachten Chut-

neys. Nicht zu vergessen das reichhaltige Frühstück, das man hier morgens unter den schattigen Apfelbäumen genießen kann. Ein weiteres Highlight ist die typische englische Tea Time mit frisch gebackenen Scones, Clotted Cream und Erdbeermarmelade. Dazu ein aromatischer englischer Tee. Das nennt man auch „Cream Tea". Das Café hat 25 Innenplätze und auf der Terrasse und im Garten weitere 30 Plätze. Es ist ganzjährig geöffnet außer in den ungemütlichen Wintermonaten. Da sitzt Clare in ihrem kuscheligen Reetdachhaus an der Nähmaschine und schafft Kunstwerke wie Handtaschen, Badetaschen, Kosmetiktaschen, Patchworkdecken und bezaubernde Garderobe für unsere Kleinen. „Alles, was in meinem Café an Näharbeiten ausgestellt ist, habe ich selbst hergestellt. In der Adventszeit haben wir eine Weihnachtsausstellung in einem Holzhaus, das auf der Terrasse aufgestellt ist. Andere Aussteller kommen dann hinzu, um das Angebot noch vielfältiger zu machen." So gestaltet Clare ihr Jahr in ihrem Landcafé éclair, das zu jeder Jahreszeit ein eigenes Gesicht und eigenes Angebot hat.
Ich werde immer nach Geheimtipps gefragt – hier habe ich wieder einen gefunden!

Handgefertigte originelle Lesezeichen, ein schönes Mitbringsel.

Unser kleines „Modell" Pia, Tochter von Karin Herbst aus dem Galerie-Café Schlossgefängnis in Barmstedt, trägt ein Cupcake-Lätzchen von Clare kreiert.

Im Winter sitzt Clare an ihrer Nähmaschine und schafft wahre Kunstwerke wie Cupcakes oder Petit Fours, die man alle käuflich erwerben kann.

Marzipan-Torte

Marzipan-Torte

MIT AMARETTO-APFELMUS

BISKUIT:

4 Eier, getrennt
6 EL heißes Wasser
120 g Zucker
1 Prise Salz
100 g Mehl
100 g Speisestärke
2 TL Backpulver

Eigelb und Wasser mit einem Rührmixer schaumig aufschlagen. ⅔ des Zuckers nach und nach einrieseln lassen. Eiweiß zu Schnee schlagen, den restlichen Zucker und Salz dazugeben und solange schlagen, bis der Eischnee schnittfest ist. Anschließend unter die Eigelbcreme ziehen. Mehl, Stärke und Backpulver darübersieben und untermischen. Teig in eine gefettete und mit Mehl bestäubte 26-cm-Springform füllen und im vorgeheizten Backofen bei 170 °C ca. 40 Minuten backen. Danach auskühlen lassen, auf eine Tortenplatte setzen und einmal waagerecht durchschneiden.

FÜLLUNG:

6 Blatt Gelatine
4 cl Amaretto
400 g Apfelmus
500 ml Schlagsahne, geschlagen

Gelatine einweichen, ausdrücken und auflösen. Amaretto dazugeben, alles langsam unter das Apfelmus heben und die Masse gleichmäßig auf dem unteren Boden verteilen. ⅔ der Sahne darauf verstreichen und mit dem zweiten Boden belegen. Torte mit der restlichen Sahne einkleiden.

MARZIPANDECKEL:

400 g Marzipanrohmasse
100 g Puderzucker

Marzipan mit dem Puderzucker verkneten, zwischen Backpapier legen und zu einem großen Kreis ausrollen. Marzipandeckel anschließend über die ganze Torte legen, so dass sie komplett bedeckt ist. Seiten gut andrücken. Nach Geschmack verzieren.

Birnen-Walnuss-Streusel-Tarte

TEIG:

125 g Butter
100 g Zucker
3 Eier
150 g Mehl
1 TL Backpulver
1 Prise Salz
6 Birnen
50 g Walnüsse

Butter und Zucker schaumig rühren und die Eier langsam dazugeben. Mehl, Backpulver und Salz unter die Masse heben. Teig in einer flachen, eingefetteten Tarteform verteilen.

Birnen schälen, entkernen, vierteln und den Teig damit fächerfömig belegen. Walnüsse grob hacken und auf den Birnen verteilen.

STREUSEL:

75 g Butter
150 g Mehl
75 g Zucker

Butter, Mehl und Zucker zusammenkneten und als Streusel über die Birnen streuen. Im vorgeheizten Backofen bei 170 °C ca. 35–40 Minuten backen.

Mokka-Walnuss-Torte

MIT FRISCHKÄSE-BUTTERCREME

MÜRBETEIG:

120 g Mehl
60 g Zucker
60 g Butter
1 Ei
1 Prise Salz

Alle Zutaten zusammenkneten, in Frischhaltefolie einschlagen und 30 Minuten kalt stellen. Danach den Teig ausrollen und mit einer 26-cm-Springform ausstechen. Teig in die Form geben und im vorgeheizten Backofen bei 180 °C ca. 15 Minuten backen. Auskühlen lassen. Boden auf eine Tortenplatte setzen.

RÜHRTEIG:

250 g Butter
250 g Zucker
4 Eier
2 TL Backpulver
500 g Mehl
80 g Walnüsse, gehackt
½ Tasse starker Kaffee

Butter und Zucker schaumig rühren und die Eier langsam dazugeben. Backpulver und Mehl vermischen, darübersieben und unterheben. Walnüsse und Kaffee hinzugeben und unterrühren. Teig in eine gefettete 26-cm-Springform füllen und im vorgeheizten Backofen bei 170 °C ca. 40 Minuten backen. Anschließend auskühlen lassen und einmal waagerecht durchschneiden.

FÜLLUNG:

400 g Puderzucker
150 g Butter
200 g Frischkäse
100 ml starker Kaffee
1 Glas Preiselbeeren (450 g)

Puderzucker und Butter verrühren, Frischkäse dazugeben. Kaffee langsam unterrühren. Anschließend kalt stellen.
Preiselbeeren gleichmäßig auf dem Mürbeteigboden verstreichen und mit der unteren Hälfte des Rührteigs belegen. Reichlich Buttercreme darauf

Die Torte steht in einer alten englischen Spieluhr von 1829. Auch solche Raritäten kann man hier bei Clare entdecken.

verteilen und den Rührteigdeckel darauf legen. Den Rest der Buttercreme in einen Spritzbeutel mit Sterntülle füllen und Buttercremerosen auf den äußeren Rand des Deckels spritzen.

GUSS:

100 g Puderzucker
1 TL Kaffee
Balsamicoreduktion

Puderzucker mit etwas Kaffee verrühren und in der Mitte des Deckels verteilen. Darauf mehrere Kreise Balsamicoreduktion spritzen und mit einem spitzen Messer, von innen nach außen und umgekehrt, Linien ziehen.

Éclairs mit Himbeersahne

BRANDTEIG:

250 ml Wasser
1 Prise Salz
65 g Butter
150 g Mehl
4 Eier

Wasser, Salz und Butter in einen Topf geben und aufkochen lassen. Topf vom Herd nehmen und das Mehl auf einmal in die heiße Flüssigkeit geben. Sofort mit dem Kochlöffel durchrühren. Topf wieder auf den Herd stellen und solange rühren bis sich der Teig eindickt und als Kloß vom Topf löst. Den Teig dann in eine Schüssel geben und die Eier nacheinander unterrühren. Danach abkühlen lassen. Die Teigmasse in einen Spritzbeutel mit Sterntülle füllen und 12 einzelne, fingerlange Streifen auf ein mit Backpapier ausgelegtes Backblech spritzen. Im vorgeheizten Backofen bei 200 °C ca. 25 Minuten backen. Nach dem Ausbacken einmal waagerecht durchschneiden.

FÜLLUNG:

6 Blatt Gelatine
500 g Himbeeren
60 g Zucker
400 ml Schlagsahne, geschlagen
Puderzucker zum Bestreuen

Gelatine einweichen, ausdrücken und auflösen. Himbeeren mit dem Zucker pürieren, bei milder Hitze erwärmen und die aufgelöste Gelatine unterrühren. Anschließend kalt stellen. Wenn die Himbeeren anfangen zu gelieren, die Sahne unterheben. Himbeersahne in einen Spritzbeutel füllen, auf die untere Hälfte des Éclairs spritzen, Deckel daraufsetzen und mit Puderzucker bestreuen.

Scones

225 g Mehl
½ TL Salz
1 TL Backpulver
½ TL Natron
25 g weiche Butter
150 ml Buttermilch

Mehl, Salz, Backpulver und Natron in eine Schüssel sieben. Butterstückchen dazugeben und einkneten. Buttermilch hinzugießen und solange rühren, bis der Teig zusammenhält. Anschließend auf einer bemehlten Arbeitsfläche ausrollen und mit einem runden Ausstecher (ca. 5 cm Durchmesser) 12 Scones ausstechen. Die Teigstücke auf ein mit Backpapier ausgelegtes Backblech legen und bei 180 °C Umluft ca. 12–15 Minuten backen, bis die Scones gut aufgegangen und golden sind.
Um die Scones vollendet genießen zu können, werden sie waagerecht aufgeschnitten, mit Erdbeermarmelade bestrichen und Clotted Cream darauf verteilt.

SCONES sind ein von den britischen Inseln stammendes Gebäck und werden traditionell mit Clotted Cream, Erdbeermarmelade und einer Tasse englischem Tee nachmittags als „Cream Tea“ serviert.

Clotted Cream ist eine Art dicker Rahm und verfügt über einen Fettgehalt von 55%. In Deutschland ist er in Fachgeschäften erhältlich, alternativ kann man aber auf Crème double zurückgreifen.

Friesentorte nach Art des Hauses

Mürbeteig:

125 g Mehl
60 g Zucker
60 g Butter

1 Ei
1 Prise Salz

Alle Zutaten zusammenkneten, in Frischhaltefolie einschlagen und 30 Minuten kalt stellen.

Danach den Teig ausrollen und mit einer 26-cm-Springform ausstechen. Teig in die Form geben und im vorgeheizten Backofen bei 180 °C ca. 15 Minuten backen. Auskühlen lassen, danach auf eine Tortenplatte setzen.

RÜHRTEIG:

100 g Zucker
150 g Butter
4 Eigelb
150 g Mehl
2 TL Backpulver
1 Prise Salz

Zucker mit Butter schaumig rühren und das Eigelb nach und nach dazugeben. Mehl und Backpulver vermischen und darübersieben, Salz dazugeben und untermischen. Teig in eine 26-cm-Springform geben.

BAISER:

4 Eiweiß
60 g Zucker
2 EL Mandel-/ Haselnussmischung, gehackt

Eiweiß mit Zucker steif schlagen, auf den Rührteig geben und mit gehackten Mandeln und Haselnüssen bestreuen. Im vorgeheizten Backofen bei 170 °C ca. 35 Minuten backen.

FÜLLUNG:

1 Glas Pflaumenmus (450 g)
500 ml Schlagsahne, geschlagen

Pflaumenmus gleichmäßig auf dem unteren Boden (Mürbeteig) verstreichen. Mit Sahne bedecken und den Rührteigdeckel darauf setzen.

Keksdose

In den Räumlichkeiten der Keksmanufaktur befindet sich auch das Café, in dem man nach einem ausgiebigen Einkauf Kekse und Kuchen genießen kann. Bei Sonnenschein lädt die geschützte Terrasse zum Verweilen ein.

In der Mitte zwischen Lübeck und Hamburg, zwischen Sülfeld und Nienwohld, findet man die alte Alsterquelle, ein Naherholungsgebiet in der Holsteinischen Schweiz. Hier in dem kleinen Ort Sülfeld liegt ganz versteckt die Keksmanufaktur „Keksdose" von Manuela Lossner. Sie stammt aus Nienwohld und ist auf einem Bauernhof aufgewachsen. Sie ist gelernte Hauswirtschaftsmeisterin. Ihr Traum war es immer, etwas mit Keksen und Torten zu machen. Aber zuerst gründete sie ihr kleines Unternehmen „Hauswirtschaftliche Dienstleistungen", welches sie als erstes Standbein auch immer noch betreibt.

„Bei einem Geburtstag mit meinen Freundinnen kamen wir auf Träume zu sprechen. Ich erzählte bei der Gelegenheit meinen Traum: eine Keksmanufaktur, einen Keks-Online-Shop, um alles klein und einfach zu halten, Kekssorten ins Internet zu stellen und auf Bestellung zu versenden. Kekse waren immer meine spezielle Begabung, je kleiner und fummeliger, desto besser. Ich bin eine Rezepteerfinderin. Zu Weihnachten schenkte ich den Kunden meiner Zweitfirma immer Dosen mit selbstgebackenen Keksen. Sie sagten mir dann, wir freuen uns das ganze Jahr auf Weihnachten. Warum gibt es sie nicht zu kaufen? Meine Freundinnen sagten: Ja, dann mach' es doch endlich und verwirkliche deinen Traum. Die ganze Nacht hindurch begann ein Brainstorming, und die Entscheidung war gefallen, ich brauchte einfach diesen Anstoß. Am 4. August 2012 habe ich eröffnet. Ich fand dazu die Räumlichkeiten in Sülfeld; in ihnen befand sich vorher eine Gastronomie. Hier konnte ich mich also wunderbar einrichten und legte los. Neben meiner Backstube befindet sich natürlich auch ein Verkaufsraum, und die Kunden fragten immer: ‚Kann man hier auch eine Tasse Kaffee trinken und ein paar Kekse oder Kuchen essen?' Darum entschloss ich mich, neben der Keksmanufaktur in den Räumlichkeiten auch noch ein Café zu eröffnen. Ich backe alles selbst, und es befinden sich immer ca. 50.000 frisch gebackene Kekse in meinem Verkaufslager. Ich habe 50 verschiedene Kekssorten im Sortiment. Im Sommer viele Sorten mit Früchten und im Winter die opulenten Kekse mit Schokolade, Marzipan, Nüssen und Weihnachtsgewürzen. Alle Kekse sind auch im Online-Shop zu besichtigen. Auf Bestellung backe ich alles, was die Kunden sich

In dem weiß/rot gestalteten Verkaufsraum können sich die Kunden nach Herzenslust mit Keksen eindecken; die Auswahl ist groß.

Hübsch verpackt eignen sich die Kekse auch wunderbar als Mitbringsel.

wünschen. Eine weitere Spezialität sind Sahnetorten und ganz besonders Hochzeitstorten, individuell nach Wünschen der Kunden. Alles ohne künstliche Konservierungsstoffe. Manchmal backe ich die ganze Nacht durch, um alles zu schaffen. Besonderes Highlight sind meine ‚Knusperkugeln.'

Auf Wunsch richte ich auch kleine Gesellschaften aus. Die Keksdose hat 20 Innen- und 30 Außenplätze. Wir haben eine sehr gute Lage im Speckgürtel Hamburgs. In der Nähe befindet sich das Nienwohlder Moor und der Borsteler Wald. Hier tummeln sich viele Spaziergänger und Radfahrer, die später im Café meine Gäste sind. Bargteheide, Bad Oldesloe und Norderstedt sind nicht weit entfernt."

Das NDR-Fernsehen wurde auf sie aufmerksam, lud sie in die Sendung „Mein Nachmittag" ein, und Manuela Lossner backte ihre „Stollensterne", die wir als Rezept auch in diesem Buch vorstellen. Ihr Ehemann und ihre drei Söhne unterstützen sie, und somit wird sie weiterhin viel Erfolg haben.

Ein echter Geheimtipp!!

*Spaghetti-
Erdbeer-Torte*

Spaghetti-Erdbeer-Torte

BISKUIT:

2 Eier
60 g Zucker
1 EL Vanillezucker
60 g Mehl
1 TL Backpulver

Eier, Zucker und Vanillezucker schaumig rühren. Mehl und Backpulver vermischen, darübersieben und unterheben. Teig in eine antihaftbeschichtete 28-cm-Obstbodenform füllen und im vorgeheizten Backofen bei 190 °C Ober- und Unterhitze 15–18 Minuten backen. Anschließend auskühlen lassen. Boden auf eine Tortenplatte setzen.

BELAG:

250 g Erdbeeren
400 ml Schlagsahne
1 Pck. Vanillecreme-Pulver (ohne Kochen)
250 g Quark

Erdbeeren waschen, putzen und klein schneiden. Sahne nicht zu steif aufschlagen (ca. 1 Minute). Cremepulver unter Rühren hinzugeben. Quark in 2–3 Portionen unterheben. Erdbeeren auf dem Boden verteilen. Creme in einen Spritzbeutel mit kleiner Lochtülle füllen und kreuz und quer auf die Erdbeeren spritzen.

GARNITUR:

250 g Erdbeeren
1 EL Zucker
weiße Kuvertüre
oder Kokosflocken

Erdbeeren waschen, putzen und kleinschneiden. Leicht zuckern und mit dem Pürierstab pürieren. Erdbeersoße anschließend auf die Spaghetti klecksen und mit geraspelter Kuvertüre oder Kokosflocken garnieren.

TIPP:
Zum Aufspritzen der Spaghetti eignet sich auch sehr gut eine Kartoffelpresse.

Choco-Chip-Cookies

RÜHRTEIG:
300 g Mehl
100 g Kakaopulver
1 TL Natron
1 TL Salz
250 g weiche Butter
260 g Zucker
1 EL Rübensirup, dunkel
1 TL Vanillezucker
2 Eier
150 g Zartbitter-Schokolade, grob gehackt
150 g weiße Schokolade, grob gehackt

Mehl, Kakao, Natron und Salz vermischen und beiseite stellen.

Butter, Zucker und Sirup mit der Küchenmaschine etwa 3 Minuten fluffig schlagen. Vanillezucker und Eier einzeln unterrühren und weitere 3 Minuten schlagen.

Mehlmischung hinzufügen und mit einem Holzlöffel unterheben. Die gehackte Schokolade hinzufügen und unterheben.

Teig mit einem Teelöffel (ca. 2,5 cm pro Cookie) auf ein mit Backpapier belegtes Backblech setzen und im vorgeheizten Backofen bei 160 °C Heißluft ca. 12 Minuten backen, abkühlen lassen und dann auf ein Kuchengitter setzen.

Stollensterne

Hefeteig:

100 g getr. Aprikosen
100 g Rosinen
100 g Orangeat, gewürfelt
4 EL Rum
350 g Mehl
1 Pck. Trockenhefe
75 g Zucker
1 Pck. Vanillezucker
1 TL Orangenabrieb (unbehandelt)
100 ml lauwarme Milch
125 g weiche Butter
125 g Magerquark
100 g gehobelte Haselnüsse

200 g Marzipanrohmasse
4 EL zerlassene Butter
2 EL Puderzucker

Aprikosen fein würfeln und mit Rosinen, Orangeat und Rum vermischen und über Nacht durchziehen lassen. Mehl und Hefe vermischen, Zucker, Vanillezucker, Orangenabrieb, Milch, Butter und Magerquark hinzufügen und mit dem Knethaken verkneten. Ca. 30 Minuten an einem warmen Ort gehen lassen. Danach die Fruchtmischung und Haselnüsse unterkneten. Teig auf einer bemehlten Arbeitsfläche 1½ cm dick ausrollen und mit Sternförmchen (10 cm) Sterne ausstechen. Marzipan würfeln, jeweils einen Würfel in die Mitte eines Sterns setzen und mit einem zweiten Stern (Sandwich) belegen. Anschließend auf ein mit Backpapier belegtes Backblech setzen und nochmals ca. 30 Minuten gehen lassen. Danach im vorgeheizten Backofen bei 180 °C ca. 15–20 Minuten backen. Die noch heißen Sterne mit Butter bepinseln und dick mit Puderzucker bestäuben.

Kulleraugen

KNETTEIG:

250 g Mehl
1 gestr. TL Backpulver
100 g Zucker
1 Pck. Vanillezucker
1 Prise Salz
3 Eigelb
150 g Butter

1 Eiweiß
gehackte Mandeln
rote Marmelade nach Geschmack

Aus den Zutaten einen Knetteig bereiten und daraus daumendicke Rollen formen. Anschließend in Scheiben schneiden, so dass sich walnussgroße Kugeln formen lassen. Jede Kugel zuerst in Eiweiß, dann in Mandeln wälzen. In jede Kugel eine Vertiefung drücken und mit Marmelade nach Wahl füllen. Auf ein mit Backpapier ausgelegtes Backblech setzen und im vorgeheizten Backofen bei 175 °C ca. 15 Minuten backen. Teigmenge sollte für 2 ½ Bleche reichen.

TIPP:

Die Kulleraugen lassen sich leichter mit Marmelade füllen, wenn man pürierte Marmelade nimmt. Gut eignet sich auch Marmelade mit Früchten, diese dann aber mit dem Pürierstab pürieren. Anschließend mit einem Spritzbeutel oder einer Garnierflasche mit Lochtülle in die Vertiefung spritzen. So lässt sie sich besser dosieren.

Knusperkugeln

2 Eiweiß (Größe M)
100 g Puderzucker, gesiebt
1 EL Rum
100 g abgezogene, gehackte, geröstete Mandeln
100 g geröstete, gehobelte Haselnusskerne

Eiweiß mit einem Handrührgerät steif schlagen, sodass ein Messerschnitt sichtbar bleibt. Puderzucker nach und nach auf höchster Stufe unterschlagen. Rum und die Hälfte der Mandeln und Nüsse unter die Eiweißmasse rühren. Von der Masse mit Hilfe von zwei Teelöffeln etwa haselnussgroße Kugeln abstechen und in dem übrigen Mandel-Nuss-Gemisch wälzen. Kugeln auf ein mit Backpapier belegtes Backblech setzen und im vorgeheizten Backofen, im unteren Drittel, bei 130 °C Ober- und Unterhitze ca. 40–50 Minuten backen. Kugeln mit dem Backpapier auf ein Kuchengitter ziehen und erkalten lassen.

TIPP:
Die Kugeln lassen sich auch sehr gut mit einem Spritzbeutel mit großer Lochtülle auf das Backblech spritzen, dann mit Mandeln und Nüssen bestreuen.

Gestreifte Kirsch-Cookies

FÜLLUNG:

125 g getr. Kirschen
150 g Kirsch-Konfitüre
2 EL Zucker
½ TL Bittermandel/ersatzweise 3 Tropfen Bittermandelöl

Kirschen, Konfitüre und Zucker mit dem Pürierstab grob pürieren. Anschließend in eine Pfanne geben und bei mittlerer Hitze zum Kochen bringen. Gelegentlich umrühren. Pfanne vom Herd nehmen und die Bittermandel einrühren. Komplett abkühlen lassen.

TEIG:

185 g Weizenmehl
65 g Maismehl
1 ½ TL Backpulver
½ TL grobes Salz
115 g Butter, Raumtemperatur
200 g Zucker
1 Ei, Größe L
2 EL Bourbon-Vanillezucker
oder Mark einer ½ Vanilleschote

Mehl, Maismehl, Backpulver und Salz in einer Schüssel zusammenmengen.
Butter und Zucker in eine Schüssel geben und mit dem Mixer bei mittlerer Geschwindigkeit ca. 2–4 Minuten hell und luftig schlagen. Danach Ei und Vanille hinzufügen und die Geschwindigkeit auf die niedrigste Stufe reduzieren. Mehlgemisch hinzufügen und solange rühren bis die Masse gebunden ist.
Teig auf eine Arbeitsfläche geben und in zwei gleiche Portionen teilen. Eine Portion zwischen 2 Blatt Backpapier zu einem Rechteck (ca. 30 x 38 cm und ca. 3 mm) ausrollen. Mit der zweiten Teigportion wiederholen. Alles auf ein Backblech geben und 30 Minuten einfrieren. Danach Teigrechtecke der Länge nach halbieren (d.h. ein Stück misst 15 x 38 cm).
Obere Lage des Backpapiers entfernen. ⅓ der Füllung gleichmäßig auf einem Rechteck verteilen. Das zweite Rechteck darauf legen, Backpapier entfernen und den Vorgang 2x wiederholen. Die oberste Teigschicht bleibt unbestrichen. In Klarsichtfolie einwickeln und 1 Stunde einfrieren.
Danach den Teig in Streifen von 5 x 38 cm schneiden und in 3–4mm Scheiben (wie Brotscheiben) schneiden. Die Kekse auf einem mit Backpapier belegten Backblech in größeren Abständen verteilen und im vorgeheizten Backofen bei 160–175 °C 12 Minuten backen. Das Blech nach der Hälfte der Backzeit evtl. drehen (bei Heißluft nicht nötig) und die Kekse backen, bis die Ränder goldbraun sind. Anschließend auf einem Kuchengitter auskühlen lassen.
Die Zutatenmenge ergibt ca. 2,5–3 Backbleche. Die Kekse sind in verschlossenen Behältern ca. 2 Wochen haltbar.

Erdnuss-Karamell-Kugeln

CA. 60 STÜCK

KNETTEIG:
250 g Weizenmehl
½ gestr. TL Backpulver
100 g Zucker
1 Pck. Vanillezucker
1 Ei (Größe M)
100 g weiche Butter
3 EL Milch

10 Karamellbonbons
100 g Erdnusskerne im Honigmantel, fein gehackt

Mehl und Backpulver in einer Schüssel vermischen. Zucker, Vanillezucker, Ei und Butter hinzufügen und mit dem Handrührgerät zunächst auf niedrigster, dann auf höchster Stufe zu einem glatten Teig verarbeiten. Anschließend zu einer Rolle von etwa 60 cm formen und diese in ca. 1 cm dicke Scheiben schneiden. Karamellbonbons pro Stück in 6 kleine Würfel schneiden. Jeweils 1 Würfel mit dem Teig umhüllen und zu einer Kugel formen. Die Kugeln in etwas Milch wenden und in den gehackten Erdnüssen wälzen. Anschließend auf ein mit Backpapier belegtes Backblech legen und im vorgeheizten Backofen auf der mittleren Einschubleiste bei 180 °C Ober- und Unterhitze ca. 18 Minuten backen. Kugeln mit dem Backpapier vom Blech ziehen und auf einem Kuchengitter erkalten lassen.

Siemers
Antik und Cafe
P ANTIKCAFE

Siemers Antik-Café

SIEMERS ANTIK-CAFÉ

Das Antik-Café von Kerstin Siemers in Flensburg liegt an der östlichen Seite des Hafens in einer kleinen Seitenstraße der Mürwiker Straße. Das verschachtelte Haus beherbergt vier Branchen, und sie nennt es liebevoll „Villa Kunterbunt", Café, Antiquitätenhandel, Möbeltischlerei und Schuhmacherei. Durch ihren vorigen Beruf im Immobilienbereich ist sie an dieses Objekt gekommen.

Ihr Mann Stephan, Möbeltischler und Antiquitätenhändler, ihr Freund Gunnar Nissen, Schuster, fehlte nur noch, dass sie selber als ehemalige Juristin und Betriebswirtin zur Bäckerin und Cafébesitzerin mutierte – und das machte sie! Nun arbeitet dieses Dreigestirn unter einem Dach, und das macht das Ganze so charmant. Wer in dem antik eingerichteten Café von den Torten und Kuchen Kerstins schlemmen möchte, kann sich gleichzeitig ein paar Schuhe reparieren lassen, in den antiken Möbeln stöbern oder sogar etwas davon erwerben. Natürlich gibt es auch noch kleine antike Mitbringsel. Das Sortiment ist riesig und wirklich vom Allerfeinsten. Kerstin ist natürlich die Seele des Hauses und mit ihren blonden Korkenzieherlocken ein echter Hingucker. Das Backen hat sie schnell gelernt, sie bietet ihren Gästen aus nah und fern heute eine ganze Palette von Kuchen und Torten

Das Ambiente des Cafés mit seinen frisch restaurierten Antiquitäten hat etwas ganz Eigenes. Es kann passieren, dass der Stuhl auf dem ich heute sitze, morgen verkauft ist. Dann wird ein weiteres Modell nachgestellt.

Täglich steht eine große Auswahl von Kuchen und Torten im Tortentresen.

So sind wir auf unserer Reise durch den Norden auf der Suche nach außergewöhnlichen Cafés hier in Flensburg, zwischen Volkspark und Förde, auf etwas ganz Besonderes gestoßen, Siemers Antik-Café, das einen an seine Kindheit denken lässt, an Astrid Lindgrens „Villa Kunterbunt", und zum Stöbern einlädt. Fündig wird man immer, vom antiken Möbel bis zur Gewittertorte.

Auf der rustikalen Terrasse, zwischen Antiquitäten, Raritäten und Kuriositäten, kann man Kaffee und Kuchen genießen und vielleicht repariert einem in der Zeit Gunnar Nissen die Schuhe.

an. Highlight ist die Gewittertorte, die etwas ungeordnet aussieht, wie eben nach einem Gewitter mit Blitzeinschlag. Der Genuss aber mit ihren Zutaten von Bananen, Kirschen, Sahne und Eierlikör ist einfach himmlisch. Inzwischen hat Kerstin dreißig Torten, Kuchen und Gebäcksorten im Sortiment. „Ich habe 50 Innenplätze und 20 Außenplätze auf der Terrasse", erzählt Kerstin in ihrer charmanten Art. „Die Anzahl der Plätze variiert aber auch, weil es immer darauf ankommt, wie viele Möbel gerade drinnen stehen. Da wir zwei separate Caféräume haben, kann man immer einen von beiden für Gesellschaften reservieren. Das alles könnte ich nicht alleine schaffen ohne meine unermüdlichen Helferinnen, und im Notfall reist sogar mein Vater Helmut an und packt mit zu."

Wiener Schokoladen-Torte mit Rum

Wiener Schokoladen-Torte mit Rum

BISKUIT:

10 Eier
220 g Zucker
2 ½ Pck. Vanillezucker
125 g Schokostreusel
190 g Mehl
125 g gem. Nüsse
1 ¼ Pck. Backpulver

Eier und Zucker mit dem Mixer so lange schlagen, bis der Zucker komplett aufgelöst ist. Die restlichen Zutaten vorsichtig unterheben. Teig in eine mit Backpapier ausgelegte 26-cm-Springform füllen und im vorgeheizten Backofen bei 180 °C ca. 45–60 Minuten backen. Anschließend auskühlen lassen. Boden auf eine Tortenplatte setzen und einmal waagerecht durchschneiden.

FÜLLUNG:

400 g dunkle Kuvertüre
500 ml Schlagsahne
70 ml Rum

125 g Aprikosenmarmelade

Kuvertüre, Sahne und Rum zusammen im Wasserbad bei niedriger Temperatur (nicht kochen) unter gelegentlichem Umrühren schmelzen. Abkühlen lassen (am besten über Nacht), danach aufschlagen.

DEKO:

Physalis und Schokostreusel

Den unteren Boden mit Aprikosenmarmelade bestreichen. ⅓ der Schokosahne darauf verteilen. Mit dem zweiten Boden bedecken. Die Torte mit der restlichen Schokosahne einkleiden. Mit Physalis und Schokostreusel dekorieren.

Pflaumenkuchen vom Blech

MIT VANILLECREME UND ZIMTSTREUSEL

RÜHRTEIG:

225 g Butter
100 g Zucker
2 Eier
1 Pck. Vanillezucker
300 g Mehl
1 Pck. Backpulver

Alle Zutaten zu einem Rührteig verrühren und auf einem gefetteten Backblech verstreichen.

BELAG:

2 Pck. backfeste Vanillecreme
1–1,5 kg Pflaumen

Vanillecreme nach Packungsanweisung zubereiten. Pflaumen waschen, entkernen und halbieren. Creme auf dem Teig verteilen und mit Pflaumen belegen.

STREUSEL:

375 g Mehl
180 g Zucker
1 Pck. Vanillezucker
200 g Butter
1–2 TL Zimt
Zimt-Zucker zum Bestreuen

Zutaten in eine Schüssel geben, zu Streusel kneten und gleichmäßig auf den Pflaumen verteilen. Im vorgeheizten Backofen bei 180 °C ca. 60 Minuten backen. Mit Zimt-Zucker bestreuen.

Eierlikör-Preiselbeer-Kranz

Rührteig:

250 g Butter
180 g Zucker
1 Pck. Vanillezucker
5 Eigelb
Saft und Schale einer Zitrone (unbehandelt)
250 g Mehl
1 Pck. Backpulver
150 g Schokostreusel
250 ml Eierlikör
5 Eiweiß

Semmelbrösel für die Form

Zutaten – bis auf das Eiweiß – zu einem Rührteig verrühren. Eiweiß steif schlagen und zum Schluss unterheben. Teig in eine gefettete, mit Semmelbrösel ausgestreute Kranzform füllen.

150 g Preiselbeerkompott
1 Pck. dunkle Kuvertüre

Preiselbeerkompott auf den Teig geben und mit der Gabel durchziehen. Kuchen im vorgeheizten Backofen bei 180 °C ca. 60 Minuten backen. Danach abkühlen lassen und mit im Wasserbad geschmolzener Kuvertüre dekorieren.

Himbeer-Schmand-Torte

MÜRBETEIG:

320 g Mehl
160 g Zucker
160 g Butter
2 Eier
1 Pck. Vanillezucker
2/3 Pck. Backpulver

Alle Zutaten gut miteinander verkneten und in eine 28-cm-Springform geben. Den Rand hochziehen.

FÜLLUNG:

500 ml Milch
2 Pck. Vanille-Puddingpulver
200 g Zucker
4 Becher Schmand (á 200 g)
600 g TK-Himbeeren
500 ml Wasser
2 Pck. Tortenguss, rot

Aus Milch, Puddingpulver und Zucker einen Pudding kochen. Anschließend abkühlen lassen, den Schmand unterheben und die Masse auf dem Teig verstreichen. Im vorgeheizten Backofen bei 180 °C ca. 60 Minuten backen. Anschließend auskühlen lassen und auf eine Tortenplatte setzen. Himbeeren auf der Creme verteilen und mit Tortenguss bedecken.

Gewittertorte

GLUTENFREI

Biskuit:

4 Eier
200 g Zucker
250 g gemahlene Nüsse
½ Pck. Backpulver

Eier und Zucker mit dem Mixer so lange schaumig schlagen, bis der Zucker komplett aufgelöst ist. Die restlichen Zutaten vorsichtig unterheben. Teig in eine mit Backpapier ausgelegte 26-cm-Springform füllen und im vorgeheizten Backofen bei 180 °C Umluft ca. 35 Minuten backen. Anschließend auskühlen lassen. Boden auf eine Tortenplatte setzen und mit einem Tortenring umlegen.

Belag:

2 Bananen
2 Gläser Kirschen (à 370 g Abtropfgewicht)
2 Pck. Vanille-Puddingpulver
500 ml Schlagsahne, geschlagen
Eierlikör

Bananen in Scheiben schneiden und auf dem Biskuit verteilen. Kirschen abgießen, den Saft auffangen und damit den Pudding nach Packungsanleitung kochen. Kirschen vorsichtig unterheben und die Masse auf die Bananenscheiben geben. Sahne darauf verteilen und mit reichlich Eierlikör dekorieren.

Erdbeer-Grieß-Torte

RÜHRTEIG:

250 g Butter
250 g Zucker
4 Eigelb
2 EL Rum
125 g Grieß
1 Pck. Backpulver
1 Pck. Vanille-Puddingpulver
750 g Magerquark
4 Eiweiß

Alle Zutaten – bis auf das Eiweiß – miteinander verrühren. Eiweiß steif schlagen und zum Schluss unterheben. Teig in eine mit Backpapier ausgelegte 28-cm-Springform geben und im vorgeheizten Backofen bei 180 °C ca. 40 Minuten backen. Anschließend auskühlen. Boden auf eine Tortenplatte setzen.

BELAG:

600 g Erdbeeren
200 g Zucker
2 Pck. Tortenguss, rot
200 ml Schlagsahne, geschlagen

Erdbeeren waschen, putzen, vierteln und einzuckern. Über Nacht ziehen lassen. Saft abgießen und mit dem Tortenguss aufkochen. Tortenboden mit den Erdbeeren belegen und dem Tortenguss bedecken. Nach dem Abkühlen mit Schlagsahne verzieren.

Dunkler Apfelkuchen

RÜHRTEIG:

250 g Butter
200 g Zucker
4 Eigelb
1 Pck. Vanillezucker
200 g Mehl
1 Pck. Backpulver
125 g gem. Haselnüsse
2 EL Kakaopulver
½ TL Zimt
4 Eiweiß

500 g Äpfel
Puderzucker zum Bestäuben

Zutaten – bis auf das Eiweiß – zu einem Rührteig verrühren. Eiweiß steif schlagen und zum Schluss unterheben. Äpfel schälen, entkernen, würfeln und zum Teig geben. Anschließend in eine gefettete Kranzform füllen und im vorgeheizten Backofen bei 170 °C ca. 70 Minuten backen. Evtl. zwischendurch abdecken. Kuchen abkühlen lassen und mit Puderzucker bestäuben.

Rezept zum Titelbild

Wie schon bei dem Café-Buch WINTERLICH SÜSSES steuerte meine Tochter und großartige Bäckerin Kathrin für dieses Buch wieder eine neue Kreation bei, eine Himbeer-Käsetorte, die nicht nur geschmacklich, sondern auch optisch so gut gelang, dass sie zum Cover wurde. Hierfür ganz lieben Dank!

Himbeer-Käsetorte

BODEN:

10 ml Wasser
35 g Zucker
60 g gestiftelte oder gehackte Mandeln
200 g helle Kekse (z.B. Butterkekse)
100 g Butter
30 g weiße Schokolade
1 EL Pflanzenöl

Wasser und Zucker in einem Topf vermischen und zum Kochen bringen. Mandeln hinzugeben und den Herd ausschalten. Rühren, bis sich um die Mandeln eine Zuckerkruste bildet. Anschließend die Zuckermandeln in eine Pfanne geben und unter ständigem Rühren goldbraun karamellisieren. Auf einem Backblech gut verteilen und erkalten lassen.
Kekse in einen Gefrierbeutel geben und mit einem Nudelholz fein zerbröseln. Butter schmelzen und mit den Keksbröseln vermischen. Weiße Schokolade fein reiben und mit den Zuckermandeln hinzugeben.
Beschichteten Tortenring oder Springformrand (24–26 cm Durchmesser) mit Öl einstreichen und auf eine ebenfalls mit Öl eingestrichene Tortenplatte setzen. Bröselmasse in den Formrand geben und als Boden ohne Rand gleichmäßig fest andrücken. Ca. 30 Minuten kalt stellen.

FÜLLUNG:

14 Blatt Gelatine, weiß
750 g frische oder TK-Himbeeren
2 TL + 150 g + 2 EL Zucker
500 g Mascarpone
500 g Magerquark
15 g Vanillezucker
200 g Schlagsahne, geschlagen

2 Blatt und 12 Blatt Gelatine getrennt in kaltem Wasser einweichen. Himbeeren pürieren und nach Geschmack durch ein feines Sieb streichen. Davon 200 g Püree abnehmen und mit 2 TL Zucker verrühren. 2 Blatt Gelatine ausdrücken und bei schwacher Hitze in einem Topf auflösen. Anschließend mit 200 g Himbeerpüree verrühren und 10–15 Minuten kalt stellen.

Mascarpone, Quark, 150 g Zucker, Vanillezucker und restliches Püree verrühren. 12 Blatt Gelatine ausdrücken, in einem Topf bei schwacher Hitze auflösen. 4 EL Creme unter die Gelatine rühren, dann die Gelatinemischung unter die restliche Creme rühren. Schlagsahne unterheben.
Die Hälfte der Himbeercreme auf den Tortenboden streichen. Das erkaltete Himbeerpüree darauf verteilen. Die restliche Creme darauf geben und mit einer Gabel locker durchziehen, damit Schlieren entstehen. Torte ca. eine Stunde kalt stellen, danach den Ring entfernen. Sie lässt sich auch sehr gut einen Tag vorher zubereiten und kann prima über Nacht im Kühlschrank ruhen.

SOSSE:

100 g weiße Schokolade
1 EL Butter
100 g Crème fraîche

Himbeeren für die Garnitur

Schokolade im Wasserbad auf kleiner Flamme langsam schmelzen. Butter und Crème fraîche nach und nach unterrühren. Abkühlen lassen, auf die Torte geben und nach Geschmack mit wenigen oder vielen Himbeeren garnieren.

Hof Café Gross Niendorf

Dorfstr. 29
23816 Groß Niendorf
Tel./Fax: 04552-994230
www.hofcafegrossniendorf.de
E-Mail:
info@hofcafegrossniendorf.de
Öffnungszeiten:
Sommerzeit: (Apr.–Okt.) Mi.–So., sowie feiertags 14:00–18:00 Uhr
Winterzeit: (Okt.–Mai): Sa., So., sowie feiertags 14:00–18:00 Uhr
Gruppen ganzjährig nach Absprache, bis ca. 40 Pers.
15. Dez.–15. Jan. geschlossen
Zwischen Norderstedt und Bad Segeberg lädt das Hof Café mit gemütlichem Bauerngarten zum Verweilen ein.
Täglich frische hausgemachte Kuchen und Torten, basierend auf alten beliebten Rezepturen, bieten ein Gaumenerlebnis für jeden Gast.
Familien-, Geburtstags- und Betriebsfeiern bis ca. 40 Personen gestalten wir nach Ihren Wünschen.
Frühstück und Brunch auf Bestellung.

Beldorfer Mühle

Café und Kultur-Bistro
Birte Biss
Dorfstr. 19
25557 Beldorf
Tel.: 04872-586
www.beldorfer-muehle.de
E-Mail: r.biss@t-online.de
Öffnungszeiten:
Jan./Febr.: geschlossen, feiertags geöffnet
März/April: So. 14:00–18:00 Uhr
Mai–Sept.: Sa. u. So. 14:00–18:00 Uhr
Okt.–Dez.: So. 14:00–18:00 Uhr
Möchten Sie unser Café an anderen Wochentagen mit einer Gruppe ab 20 Personen besuchen, rufen Sie uns an.
Termine für das Kultur-Bistro finden Sie auf unserer Homepage.
Wir bieten Lesungen, Konzerte, Ausstellungen, Tapasabende u.v.m.
Gesellschaften bis 100 Personen nach Absprache.

Kanal 33

Café, Pension, Biergarten
Hohenhörner Straße 33
25725 Schafstedt
Tel.: 04805-9014933
Fax: 04805-9014934
www.kanal33.de
E-Mail: info@kanal33.de
Öffnungszeiten: April–Okt.: ab 9:00 Uhr
Nov.–März: 9:00–18:00 Uhr
50 Innenplätze, 80 Außenplätze
Unser Café liegt direkt am Fähranleger des Nord-Ostsee-Kanals. Schiffe auf dem NOK, Fährenbetrieb, Spaziergänger, Fahrradfahrer: gerade im Sommer kann man dem Ganzen von unserem Biergarten bzw. unserer Terrasse aus zuschauen.
Hausgemachte Kuchen und Torten, Kugeleis, Kaffeespezialitäten (Dithm. Eierkaffee), ein kühles Bier oder kleine herzhafte Gerichte können genossen werden.

Törperhof-Café

Elisabeth Becker
Westermööhler Weg 10
25591 Ottenbüttel
Tel.: 04893-373555
www.toerperhof.blogspot.com
Öffnungszeiten:
März/April: Sa., So., Feiertage ab 14:00 Uhr
Mai–Sept.: Freitag ab 14:30 Uhr
Sa., So., Feiertage ab 14:00 Uhr
Okt.–Mitte Nov.: Sa., So., Feiertage ab 14:00 Uhr
Gruppen jederzeit nach Absprache möglich.
35 Innenplätze, 80 Außenplätze
Wir bieten gemütliches Kaffeetrinken mit hausgebackenem Kuchen.
Gerne richten wir für Ihre Feier in den Sommermonaten auf unserer überdachten Außenterrasse Gartenfeste (z.B. Grillabende) aus.

Hofgarten Eckernförde

Maren Becker
Pastorengang 7
24340 Eckernförde
Tel.: 04351-667422
www.hofgarten-eckernfoerde.de
Öffnungszeiten:
Laden:
Di.–Fr. 10:00–18:00 Uhr
Sa. 10:00–14:00 Uhr
Immer wenn die Sonne scheint ab März im Innenhof:
Di.–Fr. 10:00–18:00 Uhr
Sa. 10:00–14:00 Uhr
Kaffee und Kuchen
Jan. u. Febr. geschlossen
Bei uns finden Sie Schönes für Haus und Garten, ausgesuchte Lebensmittel aus Italien und aus der Region, große und kleine Blumensträuße und vieles mehr … Gerne statten wir Feste mit Blumen aus und dekorieren die Räumlichkeiten.

Café Uhrendorf

Christl Klausenitzer
Uhrendorf 1
25573 Beidenfleth
Tel.: 04829-902817
www.cafe-uhrendorf.de
E-Mail:
kontakt@cafe-uhrendorf.de
Öffnungszeiten:
März–Okt.: Fr. 13:00–18:00 Uhr
Sa., So. und an Feiertagen 10:00–18:00 Uhr
Nov./Dez.: Sa. 13:00–18:00 Uhr, So. 10:00–18:00 Uhr
Ab Weihnachten, Jan. u. Febr. geschlossen
42 Innenplätze, 50 Außenplätze
Vielfältiges, ständig wechselndes Angebot an selbstgebackenen Kuchen und Torten, herzhafte Kleinigkeiten wie Quiche, Gratins und Salate, frisch gekochte Suppe, immer auch vegetarisch.
Sa. u. So. verschiedene Frühstücksvariationen, mit und ohne Reservierung.
Im gemütlichen Kaminzimmer, das Sie zum Feiern ganz für sich haben, bieten wir auf Vorbestellung ein

individuelles (Frühstücks-)buffet an. Papiergeschöpfe machen das künstlerische Ambiente des Cafés lebendig. Wer Lust hat, kann im Februar an Kursen teilnehmen. Informationen finden Sie auf der Homepage.

Café Marleen

Inh. Martina Schendel
Vorderreihe 65
23570 Travemünde
Tel.: 04502-888399
Fax: 04502-889238
E-Mail: marleen.schendel@web.de
Internet:
http://cafe-marleen.uws.ie/
Öffnungszeiten: täglich
von 9:00–ca.19:00 Uhr
100 Innenplätze, 100 Außenplätze
Lassen Sie sich in unserem liebevoll eingerichteten Café mit familiärer Atmosphäre verwöhnen. Feiern Sie Ihre Festlichkeiten, ob Geburtstag, Taufe oder Hochzeit in einem unserer zahlreichen und gemütlichen Separées (unserem Wohnzimmer, Kaminraum, Bordürenraum oder Wintergärten).
Genießen Sie bei Kaffee und Kuchen den wunderbaren Ausblick auf die Trave mit den vorbeifahrenden Schiffen.
Wir bieten ein reichhaltiges Frühstück mit frischem Obst und Gemüse und tollen frischen Bäckerbrötchen an. Außerdem wartet auf Sie ein tägliches Mittagsangebot. Am Nachmittag zur Kaffeezeit haben wir ein täglich wechselndes Tortenangebot mit ca. 20 Torten zur Auswahl.
Sprachkurse (Französisch, Englisch, Spanisch) werden in angenehmer Café-Haus-Atmosphäre wöchentlich angeboten.
Sonntags bitte Tische vorbestellen, vor allem bei größeren Gruppen.
Das gesamte Café-Marleen-Team freut sich, Sie bald begrüßen zu können.

Landcafé Éclair

Clare Döhring-Schogs
Koogstrasse 57
25881 Tümlauer-Koog
Tel.: 04862-201609
E-Mail: info@landcafe-eclair.de
www.landcafe-eclair.de
Öffnungszeiten:
Mitte März–Ende Oktober:
9:00–18:00 Uhr
November–Anfang Januar:13:00–18:00 Uhr
(bei Frühstücksanmeldungen ab 9:00 Uhr)
Mittwoch Ruhetag
Neujahr geöffnet
Mitte Januar–Mitte März
geschlossen
25 Innenplätze, 30 Außenplätze
In der Hauptsaison kein Kuchen außer Haus.
Nach einem Ausflug zum „Westerhever Leuchtturm“ können Sie in unmittelbarer Nähe zum Nordseedeich in unser uriges Landcafé einkehren und hausgemachte Kuchen und Torten, deftige Lammsalami-/Lammschinkenbrote mit selbst gebackenem Brot, frische Salate und wechselnde Tagesangebote genießen. Ab 9:00 Uhr bieten wir ein ausgiebiges Frühstück an (um Reservierung wird gebeten). In unserem idyllischen Obstgarten wird in einer Dauerausstellung „Selbstgenähtes“ in vielen Variationen angeboten. Eine feste Institution ist unsere Weihnachtsausstellung, die wir den ganzen Dezember durchgehend veranstalten.

Keksdose Sülfeld

Inh. Manuela Lossner
Stoltenweg 2
23867 Sülfeld
Tel.: 04537 7079188
www.keksdose-suelfeld.de
E-Mail: info@keksdose-suelfeld.de
Öffnungszeiten:
Di.–Fr. 16:00–18:00 Uhr
Sa. u. So. 14:00–18:00 Uhr
Montag Ruhetag
alle Weihnachtstage, Silvester und Neujahr geschlossen
Keksmanufaktur mit Café
Handgemachte Kekse und Cookies im Direktverkauf und Online erhältlich. Alle Kekse und Cookies sind ohne künstliche Zusatzstoffe und Konservierungsmittel.
Keksabonnement für sich oder als Geschenk.
Selbst gemachte Kuchen und Torten.
Individuelle Torten- und Kuchenbestellungen zu jedem Anlass (Hochzeit, Konfirmation, Geburtstag etc.).
Süße Präsente zu jedem Anlass (Firmen, Messe und private Events).
Außer Haus Verkauf
Eisbecher der Saison
Kaffeespezialitäten
20 Innenplätze, 30 Außenplätze
Kinderspielplatz in der Nähe
Parkplatz in der Nähe vorhanden
Behinderten-WC und barrierefreier Zugang.
Bei uns können Sie: Geburtstag feiern, Backevents für Groß und Klein erleben, gemütlich verweilen bei Kaffee, Kuchen und Keksen.
Sprechen Sie uns an, wir stehen Ihnen gerne zur Verfügung.

Siemers Antik-Café

Kerstin Siemers
Blasberg 6
24943 Flensburg
Tel.: 0461-31545431
www.antiksiemers.de
E-Mail:
cafesiemers@googlemail.com
Öffnungszeiten:
ganzjährig
Di.–Fr. 14:00–18:00 Uhr
Sa. u. So. 9:00–18:00 Uhr
Montag Ruhetag
Frühstück in der Woche für Gruppen nach Absprache
50 Innenplätze, ca. 20 Außenplätze
Barrierefreier Zugang und Behinderten-WC

Weitere Rezepte und ausführliche Beschreibungen der Cafés finden Sie in der Buch-Reihe …

Band 1
ISBN 978-3-8042-1237-4

Band 2
ISBN 978-3-8042-1271-8

Band 3
ISBN 978-3-8042-1328-9

Band 4
ISBN 978-3-8042-1353-1

Band 5
ISBN 978-3-8042-1379-1

Band 7
ISBN 978-3-8042-1409-5

… Fortsetzung folgt

… und in den Themen-Büchern

ISBN 978-3-8042-1388-3

ISBN 978-3-8042-1400-2

DIE AUTORIN

Marion Kiesewetter, Schauspielerin und TV-Moderatorin, in Hamburg geboren, wurde als Köchin durch die TV-Sendungen „Bi uns to Hus“, N 3, „Sonntagskonzert“ und Johannes B. Kerners Kochsendung im ZDF bekannt. Ihre ebenfalls im Boyens Buchverlag erschienenen Kochbücher „Fürstliche Menüs – Schleswig-Holstein“, „Fürstliche Menüs – Niedersachsen“, „Fürstliche Menüs – Mecklenburg-Vorpommern“, „Obst aus norddeutschen Gärten“, „Salatexpress“, „Aufgefischt I + II“, „Das isst der Norden“, „Auf Krabbenfang“ und „Kohl!“ entstammen der norddeutschen Region mit ihren erstklassigen kulinarischen Angeboten. Besonders beliebt sind die Café-Bücher der Autorin. Bereits erschienen: „Eine Sünde wert ...“ (1), „Kann denn Süßes Sünde sein?“ (2), „Nur Süßes im Sinn“ (3), "Süße Augenblicke" (4) , „Süßes für die Seele“ (5) und „Winterlich Süßes“.

DIE FOTOGRAFEN

Ursula Sonnenberg und ihr Mann Hans Dieter Kellner durchliefen beide eine Ausbildung zu Fotografen, sie mit einer Lehre, er auf der bekannten Münchner Akademie für Fotografie. Seit dreißig Jahren arbeiten sie im gemeinsamen Hamburger Studio an getrennten Aufgaben – sie mit „food“ für Werbung und Verlage, er kreativ und technisch für die Industrie.

Register